교회의 본질이 위기에 처한 오늘, 우리가 붙잡아야 할 사명은 예수님의 명령에 따라 제자를 삼는 것입니다. 존 스토트가 말하는 제자가 우리 모두의 모습이 되기를 간절히 기도합니다. 모든 그리스도의 제자 된 이들, 제자 만드는 이들이 꼭 읽어야 할 책입니다.

고 옥한흠 목사 사랑의교회 원로목사

제가 만난 존 스토트는 위대한 복음주의 지도자라는 표현이 무색하게 소탈하고 인간적인 분이었습니다. 이 책이 그분의 마지막 메시지라는 말에 형언할 수 없는 감정을 느낍니다. 비교할 수 없는 예수 그리스도에 대한 평생의 헌신과 믿음, 그리고 그분의 진실한 성품을 담은 이 책이 한국 교회를 일깨우는 새로운 불꽃이 되리라 확신합니다.

고 하용조 목사 온누리교회

이 책을 통해 한국 교회가 이기적인 믿음에서 벗어나 소외된 이웃을 돌아보는 균형 잡힌 믿음으로 한 걸음 더 나아가기를 기대합니다.

김성수 전 성공회대학교 총장

존 스토트의 글과 몇 번의 만남을 통해 본 그분의 삶은 지난 30년 동안 내 신앙의 멘토 역할을 해주었다. 그분이 공적 사역에서 마지막으로 한 설교의 주제는 이 책 2장에 나오는 '그리스도를 닮아감'이었다. 그것은 아마 그분의 유언과도 같은 것일 테다. 그리스도를 닮아가는 것은 곧 그리스도의 제자가 되는 것을 의미한다. 우리에게 급진적인 제자가 되라고 도전하는 그분의 도전이 더욱 빛나는 것은, 그분 자신이 급진적인 제자의 삶을 살았기 때문이다.

한철호 목사 선교한국 파트너스 상임위원장

존 스토트는 최고의 고별사를 남겼다. 제자의 도가 빛바랜 사진첩 마냥 희미해지고 있는 이 땅에 '급진적인 제자'의 길을 제시하는 노 지성의 목소리가 울려 퍼진다. 그는 우리에게 엄중한 숙제를 남겼다. 제자가 되기 위한 여덟 가지 핵심 자질을 갖추는 것, 바로 이 책을 읽어야 하는 이유다.

이태형 국민일보 선임기자, 「배부르리라」, 「두려운 영광」 저자

존 스토트는 그리스도인의 정체성에 대해, 예수 그리스도의 제자됨에 대해 영혼을 담아 호소한다. 이 책은 우리가 고백하는 진리를 합리적 논증과 객관적 정당화로 주장하는 일이 한계가 있는 포스트모던 사회에서 무엇보다 탁월한 전략은 십자가의 희생과 헌신, 사랑으로 증거하는 것임을 일깨워 주고 있다.

양세진 기독교윤리실천운동 사무총장

우리 시대의 거인이 남기는 마지막 책! 존 스토트는 제자도의 여덟 가지 핵심적인 특징을 날카롭고 명쾌하게 개관한다. 특히 마지막에 나오는 '의존'과 '죽음'에 대한 내용은 감동적이며 심원하다.

에이미 바우처 파이 Amy Boucher Pye 편집자, 컬럼니스트

우리는 위대한 하나님의 사람이자 예수의 급진적인 제자가 마지막으로 전하는 이 작은 책을, 마치 사랑하는 할아버지의 유산처럼 귀한 보물로 물려받았다. 그리스도에게까지 자라가라는 따뜻한 호소, 생태계에 대한 관심, 단순하고 균형 있는 삶을 향한 도전적이고 동시대적인 요청, 의존과 죽음에 대해 노년의 성자가 전하는 귀중한 지혜, 이 모든 것을 그 특유의 간결함과 명쾌함과 성경적 충실함으로 담아냈다. 이토록 깊은 성찰은 실로 값을 매길 수가 없다.

리처드 코킨 Richard Coekin 런던 코우미션 이니셔티브Co-Mission Initiative의 수석 목사

엉클 존이 마침내 떠날 때 그와 함께 많은 것이 사라진다고 생각하면, 늘 슬프다. 옹골찬 인생의 주름 깊은 경험은 물론, 하나님 나라를 위해 쌓아 온 지적 자산까지 사라진다니…. 어떻게 이 위대한 스승은, 우리가 계속해서 영감을 얻고 배워 갈 지혜의 정수를 평생 뽑을 수 있었을까?

이 책에서 엉클 존은 자신이 가장 귀하다고 믿는 것들을 간결하게 설명한다. 그것은 나에게 제자도에 대한 훨씬 풍요로운 새 지평을 열어 주었다. 이 책은 그가 평생 헌신한 깊고 광대한 사역의 진액을 간결하게 정리한 위대한 업적일 뿐 아니라, 복음의 핵심에 있는 단순한 긴장을 생생하게 보여 준다고 나는 믿는다. 우리는 날마다 십자가를 지고 좁은 길을 걸으라는 도전을 받지만, 그와 동시에 그리스도의 멍에는 쉬우며 그 짐은 가볍다는 약속을 받는다.

나는 유진 피터슨이 "자연스런 은혜의 리듬"(마 11장)이라 부른 것을 늘 동경한다. 그러기 위해 이 책은 내가 계속해서 의지해야 하는 책이다.

브라이언 드레이퍼Brian Draper 런던현대기독교연구소London Institute for Contemporary Christianity의 문화 부분 부교수, *Spiritual Intelligence*의 저자

40년 동안 존 스토트는 그리스도의 제자가 된다는 것이 무엇인지를 내게 가르쳤다. 성경을 주의 깊게 연구하고, 그것을 내가 직면한 다양한 이슈들, 혹은 내가 직면해야 함에도 그러지 못하는 이슈들에까지 적용하면서 말이다. 이 마지막 책에서도 그는 바로 그 일을 하고 있다. 이 책은 88세가 된 나의 멘토가, 오래 전 그를 처음 만났을 때 느꼈던 진리를 향한 열정과 그리스도를 향한 헌신을 여전히 지니고 있음을 보여 준다. 이것은 참으로 멋진 '고별 인사'다! 나는 특히 이 책을 젊은 신자들, 특별히 유명한 사람이 그리스도인으로서 온전한 삶을 사는 것이 가능한지 궁금해 하는 이들에게 권한다. 존 스토트가 내게 끼친 가장 큰 영향은, 그리스도인이 가져야 할 성품의 본이 되는 삶을 살았다는 것이다. 이렇게 삶과 가르침이 온전히 통합된 모습이 그를 현대사의 가장 영향력 있는 인물로

만들었다고 나는 생각한다. 오늘날 제자도가 의미하는 바가 무엇인지 철저한 성경적인 지혜를 전해 줄 뿐 아니라, 인생을 아름답게 마감하는 한 사람의 삶과 가르침을 통해 영감을 주는 책이다.

아지스 페르난도 Ajith Fernando 스리랑카 Youth for Christ의 총무

존 스토트만큼, 평생 동안 예수의 제자로 헌신하며, 예수의 가르침을 진지하게 생각하라고 시의적절하게 도전하는 이가 있을까? 다른 삶의 방식을 집요하게 보여 주는 세상 속에서, 많은 그리스도인들이 예수님이 우리에게 요구하신 구별된 삶을 살기보다는 사회의 흐름을 따라간다. 존 스토트의 요청을 마음에 새긴다면, 우리는 교회의 증거를 다시 살릴 수 있다.

존 그레이스톤 John Grayston 성서유니온의 신학 부분 책임자

지난 60여 년 동안 존 스토트의 날카롭고 깊이 있는 성경적 통찰은, 전 세계 교회가 직면한 여러 도전적인 이슈들을 해결할 실마리를 제공해 주었다. 그는 간과되고 있다고 생각하는 일련의 문제들에 대한 60여 년 동안의 경험과 성찰과 연구를 이 책에 담아 냈다. 이 책이 그의 마지막 책이 될 것이라는 이유만이 아니라, 그 내용 자체 때문에 우리는 특별하고 세심하게 귀를 기울여야 한다. 더욱이 이 책은 그의 인생에 깊이 새겨진 희생적인 제자도를 인격적으로 엿볼 수 있는 소중한 기회를 제공한다. 진실로 특별한 이 지도자로부터 우리는 배울 수 있는 모든 것을 배워야 한다.

피터 해리스 Peter Harris '아 로샤' A Rocha의 설립자

통찰력 있는 연구, 세상 전역의 그리스도의 몸을 향한 깊은 사랑, 그리고 평생의 지혜를 모은 아름다운 기억들로 가득한 독보적인 책이다.

프로그, 에이미 오르어윙 부부 Frog and Amy Orr-Ewing 강연자이자 작가

이 책은, 이 시대의 자기 중심성으로 희석된 현대 기독교 문화에서 진정으로 회심한 삶을 회복하자는 아주 정직하고 분명한 요청이다. 이는 존 스토트의 깊은 사고와 성찰이 담긴 최고의 책이다. 그의 글은 간결하고 예리하며, 진정한 예수의 제자는 어떻게 살아야 하는지를 정확하게 묘사한다. 예수는 단순히 우리 삶을 수정하시는 것이 아니라, 기초에서부터 다시 세우신다. 우리는 그렇게 철저하게 변화시키는 도전을 무시하고 있었다. 이 책은 우리에게 깊은 회심을 받아들이도록 도전한다. 이 책을 읽고 전심을 다해 예수를 따른다는 것이 무엇인지를 발견하기를 바란다.

도미닉 스마트Dominic Smart 스코틀랜드 에버딘 길콤스톤 사우스 처치Gilcomston South Church의 목사

이 책은 성경적으로 충실하고, 아주 매력적이며, 강한 도전과 깊은 감동을 준다. 우리가 너무 쉽게 무시하는 주제를 과연 대가답게 개관한다. 이 주제에 대해 존 스토트보다 더 잘 가르칠 수 있는 사람은 없을 것이다. 급진적인 제자도에 대한 그의 평생의 개인적인 헌신이 갈피마다 환하게 빛난다.

데이비드 스톤David Stone 코벤트리 성당Coventry Cathedral 참사회원

제자도

IVP(InterVarsity Press)는
캠퍼스와 세상 속의 하나님 나라 운동을 지향하는
IVF(InterVarsity Christian Fellowship)의 출판부로
생각하는 그리스도인을 위한 문서 운동을 실천합니다.

ⓒ 2010 by John Stott
This translation of *Radical Disciple* first published in 2010
is published by arrangement with Inter-Varsity Press,
36 Causton Street, London SW1P 4ST, England, United Kingdom
through rMaeng2, Seoul, Republic of Korea.
All rights reserved.

This Korean edition ⓒ 2010 by Korea InterVarsity Press
156-10 Donggyo-ro, Mapo-gu, Seoul 04031, Republic of Korea.

이 한국어판의 저작권은 알맹2를 통하여 IVP UK와 독점 계약한 IVP에 있습니다.
신 저작권법에 의하여 한국 내에서 보호받는 저작물이므로
무단 전재와 무단 복제를 금합니다.

제자도

변함없는 핵심 자질 8가지

존 스토트 | 김명희 옮김

Ivp

차례

감사의 말	13
머리말: 제자인가, 그리스도인인가?	15
1장 불순응	19
2장 닮음	33
3장 성숙	47
4장 창조 세계를 돌봄	61
5장 단순한 삶	75
6장 균형	99
7장 의존	119
8장 죽음	133
결론	159
후기: 마지막 인사	161
주	164

이 책의 저작권료는 전액 랭햄 문서 사역(Langham Literature)에 기부된다.

랭햄 문서 사역은 존 스토트가 창설한 국제 랭햄 파트너십(Langham Partnership International: LPI)에 속한 프로그램이며, 국제 대표는 크리스토퍼 라이트(Christopher Wright)다.

랭햄 문서 사역은 복음주의적인 책들을 다수 세계(Majority World: 제3세계를 말함-역주)의 목회자, 신학생, 신학교 도서관에 보급하고, 자국어로 된 기독교 서적의 저술과 출판을 육성한다.

랭햄 문서 사역과 LPI의 다른 사역들에 대해 더 알고 싶으면 www.langhampartnership.org를 방문하기 바란다.

존 스토트 미니스트리(John Stott Ministries)는 미국의 LPI 사역이다. 웹사이트 www.johnstott.org를 방문하기 바란다.

감사의 말

이 책의 집필은 처음부터 끝까지 세인트바나바 칼리지의 안식처에서 이루어졌으므로, 먼저 그곳의 직원들, 관리인 부부 하워드와 린 서치, 머물고 있던 이들과 환자들, 간호사, 간병인, 행정 직원, 식사와 세탁을 맡아 준 직원들에게 감사를 전한다. 이들은 함께 예배드리고 교제하는 풍성한 그리스도인 공동체가 되어 주었고, 내가 생각하고 글을 쓸 수 있는 좋은 환경을 만들어 주었다. 간혹 내가 책 쓰는 일에만 파묻힌 반사회적인 사람처럼 보였을 만한 때에도 나를 이해하고 너그러이 보아 주었다.

은혜를 입은 또 다른 공동체는 펠브리지에 있는 세인트존스 교회다. 특히 교구 사제 스티븐 보웬과 그의 아내 맨디, 그리고 교회 관리인 앤 버틀러와 맬컴 프랜시스에게 감사한다. 그들은 내가 건강을 회복하고부터, 주일마다 교회까지 나를 데워 주었다. 또 책이 나오기를 기대하며 계속 나를 격려해 주었다.

    데이비드 스톤과 그를 도운 엘리너 트로터의 편집에 깊이 감사한다. 존 와이어트와 셰일라 무어를 비롯한 몇 사람은 개인적인 경험으로 7장의 내용을 더 풍성하게 해주었다. 피터 해리스와 크리스토퍼 라이트는 4장 내용에 도움을 주었고, 그레이스 램은 작고한 남편의 사역에 대한 중요한 정보를 제공했다(5장).

    격주로 나를 보러 온 조카 캐롤린과 사라 그리고 자주 찾아와 준 내 친구 필립 허버트는 지속적인 격려가 되었다. 꾸준히 정보 검색을 해준 존 스미스처럼 뒤에서 수고한 이들도 있다.

    마지막으로 언급하지만 너무나 중요한 도움을 준 이가 있다. 프랜시스 화이트헤드는 매주 와서, 이 원고 작업과 함께 엄청난 양의 이메일을 능숙한 솜씨로 처리해 주었다.

2009년 부활절에
존 스토트

머리말
제자인가, 그리스도인인가?

우선 이 책의 제목인 '급진적 제자'(*The Radical Disciple*, 원서 제목)라는 말에 대해 설명해야겠다.

첫째, 왜 '제자'인가?

예수 그리스도를 따르는 이들을 '그리스도인'이라 부르는 경우가 신약 성경에 세 번밖에 나오지 않는다는 것을 알고 나면, 많은 이들이 놀란다.

그중 가장 중요한 것은 시리아 안디옥에서 예수님의 제자들이 처음으로 '그리스도인'이라 불린 경우로, 이는 누가의 기록에 나온다(행 11:26). 안디옥은 국제적인 도시로 알려져 있었기에 당연히 그곳의 교회 역시 국제적인 공동체였다. 그 교회의 구성원들을 '그리스도인'이라 부른 것은 매우 적절한 일이었다. 왜냐하면 그들의 예수 그리스도에 대한 충성은 인종의 차이를 넘어선 것이었기 때문이다.

'그리스도인'이라는 단어가 나오는 다른 두 경우를 보면, 이제 이 단어가 널리 통용되기 시작했음을 알 수 있다. 바울이 아그립바 왕 앞에서 재판을 받는 도중 왕에게 정면으로 도전했을 때, 아그립바는 바울에게 이렇게 소리쳤다. "네가 적은 말로 나를 권하여 그리스도인이 되게 하려 하는도다"(행 26:28).

그 후 박해가 심해지던 시기에 첫 번째 편지를 쓴 사도 베드로는, '범죄자로' 고난받는 이들과 '그리스도인으로' 고난받는 이들, 즉 그리스도에게 속했다는 이유로 고난받는 이들을 구분하며 이 단어를 사용했다(벧전 4:16).

두 단어(그리스도인과 제자) 모두 예수님과의 관계를 내포한다. 그러나 '제자'가 더 강력한 단어일 것이다. 여기에는 학생과 선생의 관계도 암시되어 있기 때문이다. 예수님이 택하신 열둘은 사도이기 전에 제자였고, 예수님의 공생애 3년 동안 이들은 제자로서 선생과 주님의 가르침 아래 있었다.

아쉬운 점이 하나 있다. '제자'라는 단어가 이후 수세기 동안에도 계속 사용되어 그리스도인들이 자신을 예수님의 제자로 인식하고 '제자 훈련'을 받아야 할 책임을 진지하게 받아들였더라면 하는 것이다.

내가 이 책에서 관심을 두는 바는 주 예수의 제자라 주장하는 우리가 다시 그분으로 하여금 이런 말씀을 하게 해서는 안 된다는 것이다. "너희는 나를 불러 주여 주여 하면서도 어찌하여 내가 말하는 것을 행하지 아니하느냐?"(눅 6:46) 진정한 제자도는 전심을 다하는(wholehearted) 제자도이기 때문이다. 바로 여기에서 내가 선택한 다음 단어가 나온다.

그렇다면 둘째로 왜 '급진적인'(radical)인가? 나는 이 형용사를 통해 우리의 제자도를 설명하려 하므로, 어떤 의미로 이 단어를 사용하는지 밝혀야 마땅할 것이다.

'급진적인'에 해당하는 영어 단어 radical은 뿌리라는 뜻의 라틴어 '라딕스'(radix)에서 나왔다. 원래 이 단어는 19세기 정치가 윌리엄 코벳(William Cobbett)과 극단적인 진보 개혁적 입장을 견지한 이들을 부르는 정치 용어였던 듯하다. 그런데 이로부터 이 단어는 근본적인 문제를 들추어내고 대의에 철저하게 헌신한 이들을 일반적으로 가리키게 되었다.

이제 앞에서 설명한 명사와 형용사를 합해서 셋째 질문, 즉 왜 '급진적 제자'인지에 대한 질문을 할 차례다. 답은 분명하다. 그리스도인 공동체 안에 있는 이들은 각각 다양한 수준의 헌신을 한다. 예수님은 씨 뿌리는 자의 비유에서 씨들이 결국 어떻게 되었는지를 보여 주시면서 이에 대해 설명해 주셨다.[1] 같은 씨에서 다른 결과들이 나온 것은, 씨가 뿌려진 토양의 종류 때문이다. 예수님은 돌밭에 떨어진 씨에 대해 "뿌리가 없으므로"라고 말씀하셨다.

보통 우리는 선택적인 태도를 취함으로써 철저한 제자도를 회피한다. 적당히 헌신할 만한 영역을 고르고, 대가를 치러야 할 듯한 영역은 피하는 것이다. 그러나 예수님은 주님이시다. 우리에게는 복종할 영역들을 취사선택할 권리가 없다.

> 우리의 부족한 찬양과
> 　영광과 능력을
> 받기에 합당하신 예수.
> 　영원히 주 되시옵소서.[2]

그러므로 이 책에서 나의 목적은, 종종 무시되지만 진지하게 고민할 가치가 있는, 기독교 제자도의 여덟 가지 특성을 깊이 생각해 보는 것이다.

1장
불순응

급진적 제자의 첫 번째 특성을 나는 '불순응'(non-conformity)이라 부르고자 한다. 그 이유를 설명해 보겠다.

교회는 주변 세상에 대해 이중적인 책임을 가진다. 한편으로 우리는 세상 속에 살고, 세상을 섬기며, 세상에서 증인의 역할을 감당해야 한다. 하지만 다른 한편 우리는 세상에 오염되지 말아야 한다. 세상에서 도피하여 거룩함을 보존하려 해서도 안 되고, 세상에 순응하여 거룩함을 희생시켜서도 안 된다.

우리는 도피주의와 순응주의 둘 다 피해야 한다. 이는 성경 전체의 주요 주제 중 하나다. 즉, 하나님이 자신을 위해 한 백성을 불러내셔서, 우리로 세상 모든 사람과는 다른 사람이 되도록 하신다는 것이다. 그분은 자기 백성에게 반복해서 말씀하신다. "내가 거룩하니 너희도 거룩할지어다"(예를 들어, 레 11:45; 벧전 1:15-16).

> 세상에서 도피하여 거룩함을 보존하려 해서도 안 되고, 세상에 순응하여 거룩함을 희생시켜서도 안 된다.

성경의 근간이 되는 이 주제는, 성경에서 주요한 네 부분이라 할 수 있는 율법서, 예언서, 예수님의 가르침, 사도들의 가르침에 되풀이하여 나타난다. 각각의 예를 들어 보겠다. 먼저 율법서를 보자. 하나님은 모세를 통해 자기 백성에게 이렇게 말씀하셨다.

너희는 너희가 거주하던 애굽 땅의 풍속을 따르지 말며 내가 너희를 인도할 가나안 땅의 풍속과 규례도 행하지 말고 너희는 내 법도를 따르며 내 규례를 지켜 그대로 행하라. 나는 너희의 하나님 여호와 이니라.(레 18:3-4)

이와 마찬가지로 하나님은 에스겔 선지자를 통해 자기 백성을 이렇게 책망하신다. "너희가 내 율례를 행하지 아니하며 규례를 지키지 아니하고 너희 사방에 있는 이방인의 규례대로 행하였느니라"(겔 11:12).

신약 성경에서도 동일하다. 예수님은 산상수훈에서 외식하는 자와 이방인에 대해 말씀하신 다음 이렇게 덧붙이셨다. "그들을 본받지 말라"(마 6:8). 마지막으로 사도 바울은 로마서에서 이렇게 썼다. "너희는 이 세대를 본받지 말고 오직 마음을 새롭게 함으로 변화를 받아"(롬 12:2).

여기 급진적 제자도를 향한 부르심, 철저하게 주변 문화를 따르지 말라는 하나님의 부르심이 있다. 그것은 기독교 반문화(counterculture)를 발전시키라는 부르심이며, 타협하지 말고 참여하라는 부르심이다.

그렇다면 우리를 삼키려 하는, 그래서 우리가 맞서야만 하는 현대의 풍조는 무엇인가? 우리는 네 가지를 검토해 볼 것이다. 첫째, **다원주의**의 도전이다. 다원주의의 주장에 따르면, 모든 '—주의'는 나름의 타당성이 있으며 동등한 존중을 받을 권리가 있다.

따라서 이는 기독교가 최종적이며 유일하다는 주장을 거부하고, 한낱 우리의 의견일 뿐인 것을 가지고 누군가를(모든 사람은 말할 것도 없이) 개종시키려는 시도를 순진한 오만이라 비난한다.

그러면 우리는 다원주의의 정신에 어떻게 대응해야 하는가? 지극히 겸손해야 하고, 개인적인 우월감은 조금도 비치지 말아야 할 것이다. 하지만 예수 그리스도의 유일성과 최종성은 계속해서 주장해야 한다. 그분의 성육신이 유일하며[그분은 한 분이자 유일하신 신인(God-man)이시다], 그분의 속죄가 유일하며(그분만이 세상의 죄를 위해 죽으셨다), 그분의 부활이 유일하기(그분만이 죽음을 정복하셨다) 때문이다. 그리고 나사렛 예수 외에는, 하나님이 인간이 되시고(탄생), 우리의 죄를 담당하시고(죽음), 죽음을 이기신(부활) 이가 없으므로, 오직 그분만이 죄인들을 구원할 자격이 있으시다. 이런 자격을 갖춘 이는 아무도 없다. 그러므로 우리는 위대한 알렉산더, 위대한 샤를마뉴 대제, 위대한 나폴레옹이라고 말할 수는 있지만, 위대한 예수라고 부를 수는 없다. 그분은 '위대한' 분이 아니라 '유일하신'(the Only) 분이기 때문이다. 그분과 같은 이는 아무도 없다. 그분에게는 경쟁자도 없고 후계자도 없다.

그리스도인 제자들이 맞서야 하는, 세상에 널리 퍼진 또 다른 풍조는 **물질주의**다. 물질주의는 단순히 물질 세계의 존재를 인정하는 것이 아니다. 만약 그렇다면 그리스도인은 모두 물질주의자일 것이다. 우리는 하나님이 물질 세계를 창조하시고 우리로 하여금 그 좋은 것들을 누리도록 하셨다고 믿기 때문이다. 하나님은 또한 자기 아들의 성육신과 부활을 통하여, 그리고 물 세례와 성찬의 빵과 포도주를 통해 물질 세계의 질서를 인정하셨다. 윌리엄 템플(William Temple)이 기독교는 모든 종교 가운데서 가장 물질적인 종교라 한 것은 놀랄 일이 아니다. 그러나 기독교는 물질주의적이지는 않다.

물질주의는 영적 삶이 질식당할 정도로 물질적인 것들에 사로잡혀 있는 것이다. 반대로 예수님은 보물을 땅에 쌓아 두지 말라고 말씀하셨고 탐심에 대해 경고하셨다. 그래서 사도 바울은 어떤 형편에서든지 자족하기를 배운 자신의 경험을 이야기하면서(빌 4:11), 검소하고, 관대하고, 자족하는 생활 방식을 익혀 나가라고 권했다.

바울은 "자족하는 마음이 있으면 경건은 큰 이익이 되느니라"(딤전 6:6)라고 덧붙인 다음, "우리가 세상에 아무것도 가지고 온 것이 없으매 또한 아무것도 가지고 가지 못하리니"라고 이어서 설명했다. 아마도 그는 "내가 모태에서 알몸으로 나왔사온즉 또한 알몸이 그리로 돌아가올지라"(욥 1:21)라고 한 욥의 말을 의도적으로 되풀이하고 있는 것 같다. 즉, 이 땅에서의 삶은 알몸이 되는 두 순간 사이의 짧은 순례 여행이다. 그러므로 짐을 가볍게 하고 여행하는 것이 지혜로울 것이다. 우리에게는 아무것도 남지 않을 것이다(물질주의에 대해서는 5장에서 더 다룰 것이다).

우리를 압박하지만 우리가 굴복해서는 안 되는 현대의 풍조 셋째는, 서서히 잠식해 들어오는 **윤리적 상대주의**의 정신이다.

모든 면에서 도덕적인 기준들이 해이해져 가고 있다. 서구에서는 확실히 그렇다. 사람들은 혼란스러워하며 절대적인 기준이라는 것이 남아 있기는 한지 의문을 품는다. 상대주의가 우리 문화를 잠식했고, 교회로도 침투하고 있다.

이 상대주의가 가장 분명하게 나타난 영역은, 1960년대 성 혁명 이후 급속한 변화가 진행된 성 윤리의 영역이다. 이전에는 일반적으로 (적어도 유대-기독교 윤리가 진지하게 받아들여지던 곳에서는) 결혼이란 일부일처제여야 하며, 다른 성(性)과 평생 동안 사랑으로 연합하는 것이며, 하나님이 주신 성적 친밀함을 위한 유일한 환경임을 받아들였다. 그러나 지금은 일부 교회에서조차 진정한 결혼 관계에 꼭 필요한 헌신이 빠져버린 혼전 동거가 널리 퍼져 있고, 이성 간의 결혼에 대한 합법적 대안으로 동성애 관계가 장려되고 있다.

하지만 이러한 풍조에 반하여 예수 그리스도는 그분의 기준을 따르고 순종하라고 제자들에게 요청하신다. 혹자는 예수님이 이런 것들에 대해 말씀하지 않으셨다고 주장한다. 그러나 그렇지 않다. 그분은 결혼에 대해 성경적으로 정의하시면서, 창세기 1:27("사람을 지으신 이가 본래 '그들을 남자와 여자로 지으시고'")과 창세기 2:24("그러므로 사람이 그 부모를 떠나서 아내에게 합하여 그 둘이 한몸이 될지니라")을 인용하셨다. 그리고 이 말씀을 인용하신 다음에는 "하나님이 짝지어 주신 것을 사람이 나누지 못할지니라"라고 말씀하시며 자신의 개인적인 의견을 덧붙이신다(마 19:4-6).

미국의 유명한 도덕·사회 철학자 아브라함 에델(Abraham Edel,

1908-2007)은 이러한 관점에 대해 신랄하게 비판했다. 그의 중요한 첫 책의 제목은 「윤리적 판단」(*Ethical Judgment*)인데, 부제는 "윤리학에 과학 사용하기"다.[1)]

그는 "윤리란 결국 자의적인 것이다"라고 쓰고 나서, 유행하는 우스꽝스러운 시의 일부를 인용한다.

> 모든 건, 당신이 어디에 있느냐에 달려 있지.
> 모든 건, 당신이 누구냐에 달려 있지.
> 모든 건, 당신이 무엇을 하고 싶으냐에 달려 있지.
> 모든 건, 당신이 어떻게 느끼느냐에 달려 있지.
> 모든 건, 당신이 어떻게 자랐느냐에 달려 있지.
> 모든 건, 무엇이 갈채를 받느냐에 달려 있지.
> 오늘 옳았던 것이 내일은 틀리고,
> 프랑스에서 기쁨이었던 일이 영국에서는 슬픔이 되고,
> 모든 건, 보기에 따라 다르지.
> 호주든 멀리 떨어진 곳이든,
> 로마에서는 로마법을 따라야지.
> 구미에 맞기만 하다면
> 당신에게는 윤리가 있는 것이지.
> 하지만 충돌하는 유행이 있다면,
> 모든 건 상황에 따라 다르지, 상황에 따라 다르지….

급진적인 그리스도인 제자는 이에 동의할 수 없다. 물론 우리의 윤리적인 결정이 완벽할 수는 없겠지만, 우리는 각각의 상황에 성경적인 원리를 적용하는 데 세심하게 주의를 기울여야 한다. 그리스도인의 행동에 토대가 되는 것은 예수 그리스도의 주되심이다. '예수가 주님'이시라는 사실이 우리 삶의 기초다.

그러므로 교회 앞에 놓인 근본적인 질문은 '누가 주님인가?' 하는 것이다. 교회가 예수 그리스도의 주인인가? 그렇다면 교회는 마음에 드는 것은 받아들이고 그렇지 않은 것은 거부하면서 편집하고 조작할 자유가 있다. 반대로 예수 그리스도가 우리의 선생이요 주님이신가? 그렇다면 우리는 그분의 가르침을 믿고 순종해야 한다.

그분은 여전히 우리에게 말씀하신다. "너희는 나를 불러 주여 주여 하면서도 어찌하여 내가 말하는 것을 행하지 아니하느냐?"(눅 6:46) 예수님을 주로 고백하면서도 그분께 순종하지 않는 것은 우리 삶을 모래 위에 세우는 일이다. 그분은 다시 다락방에서 "나의 계명을 지키는 자라야 나를 사랑하는 자니"라고 말씀하셨다(요 14:21).

그러므로 두 문화와 두 가치 체계와 두 기준과 두 생활 방식이 있다. 한쪽에는 우리 주변 세상의 방식이 있고 다른 한쪽에는 하나님이 계시하신, 선하고 기뻐하시는 뜻이 있다.

급진적인 제자들은 그 둘 사이에서 선택하는 일이 그다지 어렵지 않다.

이제 현대의 풍조 그 넷째를 다룰 차례가 되었다. 그것은 **나르시시즘**(narcissism)의 도전이다.

(그리스 신화에 나오는) 나르시스는 잘 생긴 청년이었다. 그런데 어느 날 연못에 비친 자기 모습을 보고 사랑에 빠져서 물속으로 몸을 기울이다가 익사한다. 이로부터 '나르시시즘'은 지나친 자기애나 '자아'에 도취된 상태를 의미하게 되었다.

이 나르시시즘이 1970년대에는 자아 실현의 욕구를 강조한 인간 잠재력 회복 운동으로 나타났다. 그 후 1980년대와 1990년대에는 뉴에이지 운동이 인간 잠재력 회복 운동에 편승했다. 셜리 맥클레인(Shirley Maclaine)은 그 운동의 대제사장이라 할 수 있는데, 그녀는 자기 자신에게 깊이 몰입해 있었다. 그녀에 따르면, 복음은 이런 것이다.

나는 내가 존재함을 안다, 고로 나는 존재한다.
나는 신적인 힘이 존재함을 안다, 고로 그것이 존재한다.
나는 그 힘의 일부이므로, 나는 스스로 있는 자다(I am that I am).

이는 하나님이 모세에게 자신을 "나는 스스로 있는 자이니라"(I AM WHO I AM, 출 3:14)라고 계시하신 것을 의도적으로 패러디한 것처럼 보인다.

이렇듯 뉴에이지 운동은 우리 안을 들여다보라고, 우리 자신을 탐구해 보라고 말한다. 우리 문제를 해결할 수 있는 길은 우리 안에 있기 때문이다. 다른 곳에서 오는 구원자는 필요없다. 우리가 우리의 구원자가 될 수 있다.

불행하게도 이러한 가르침의 일부는 교회에도 침투해 들어와서, 어떤 그리스도인들은 우리가 하나님과 우리 이웃만 사랑할 것이 아니라 우리 자신도 사랑해야 한다고 주장한다. 하지만 그렇지 않다. 그것은 분명 잘못 생각한 것이다. 세 가지 이유가 있다. 첫째, 예수님은 '크고 첫째 되는' 계명과 '둘째' 계명에 대해서는 말씀하셨지만 셋째 계명에 대해서는 언급하지 않으셨다. 둘째로, 자기를 사랑하는 것은 말세에 나타나는 징표 중 하나다(딤후 3:2). 셋째로, '아가페' 사랑의 의미는 다른 사람을 위해서 자기를 희생하는 것이다. 자신을 위해서 자신을 희생하는 것은 분명 말도 안 된다! 그렇다면 우리는 자신을 어떻게 바라보아야 하는가? 자기 긍정과 자기 부인이 적절하게 균형을 이루어야 한다. 창조와 구속으로 말미암아 우리 안에 있게 된 것은 모두 긍정하고, 타락으로 인한 것은 모두 부인해야 한다.

놀랍게도 우리는 자신에 대한 건강하지 못한 몰입에서, 우리의 전 존재로 하나님을 사랑하고 우리 자신처럼 이웃을 사랑하라는 하나님의 건전한 명령(예수님이 통합하시고 강화하신)으로 돌이키게 되었다. 하나님의 교회가 사랑의 공동체, 예배하고 섬기는 공동체가 되는 것이 그분의 뜻이기 때문이다.

세상에서 사랑이 최고의 것임을 모든 사람이 알고 있지만, 그리스도인들은 그 이유를 안다. 하나님이 사랑이시기 때문이다.

13세기 스페인 왕의 신하였던 레이몬드 룰(Raymond Lull, 북아프리카에서 무슬림들을 위해 일한 선교사)은 "사랑하지 않는 자는 살아 있지 않은 것이다"라고 썼다. 사는 것이 사랑하는 것이며, 사랑이 없다면 인격은 붕괴된다는 것이다. 모든 사람이 진정한 사랑의 관계를 찾는 이유도 바로 이 때문이다.

> 우리는 여론의 세찬 돌풍에 굴복하여 이리저리 흔들리는 갈대가 아니라, 계곡의 바위처럼 흔들리지 않는 존재가 되어야 한다.

정리해 보자. 우리는 그리스도인 공동체를 사로잡으려는 세상의 주요한 네 가지 풍조에 대해 살펴보았다. 이러한 풍조들 앞에서 우리는 나약하게 세상을 따르는 삶이 아니라 철저하게 세상을 따르지 않는 삶으로 부르심을 받는다. 다원주의의 도전에 맞서서 우리는 예수 그리스도의 유일성을 옹호하는 진리의 공동체가 되어야 한다. 물질주의의 도전에 맞서서 우리는 검소한 순례자의 공동체가 되어야 한다. 상대주의의 도전에 맞서서 우리는 순종의 공동체가 되어야 한다. 나르시시즘의 도전에 맞서서 우리는 사랑의 공동체가 되어야 한다.

우리는 여론의 세찬 돌풍에 굴복하여 이리저리 흔들리는 갈대가 아니라, 계곡의 바위처럼 흔들리지 않는 존재가 되어야 한다. 우리는 물의 흐름에 따라가는 물고기가 아니라(맬컴 머거리지의 말대로 "죽은 물고기만이 흐름을 따라가므로") 물의 흐름을 거슬러 가는, 문화의 주류까지도 거스르는 존재가 되어야 한다. 우리는 주변 환경에 따라 자기 색을 바꾸는 카멜레온이 아니라 주변 환경에 맞서서 눈에 띄게 두드러지는 존재가 되어야 한다.

그리스도인들이 갈대나 죽은 물고기나 카멜레온이 되어서는 안 된다면, 우리는 어떤 존재가 되어야 하는가? 하나님의 말씀은 그저 소극적으로 우리를 둘러싼 세상 풍조의 영향을 피하라고만 하시는가? 그렇지 않다. 하나님의 말씀은 적극적이다. 우리는 "하나님의 아들의 형상을 본받아(conformed)"(롬 8:29) 그리스도처럼 되어야 한다. 이것이 다음 장에서 다룰 주제다.

2장
닮음

2007년 4월 나는 86번째 생일을 기념하면서, 공적 사역에서의 은퇴를 선언하는 시간을 가졌다. 그리고 이후의 강연 요청을 모두 사양했지만, 그해 7월에 열릴 케직 사경회[1]의 강연은 이미 계획을 잡아 둔 터였다. 이번 장은 그 마지막 강연의 내용을 기초로 한 것이다.

나는 어린 그리스도인이었던 나를(그리고 내 친구들을) 당황스럽게 했던 중요한 질문을 생생하게 기억한다. 바로 "자기 백성을 향한 하나님의 목적은 무엇인가?" "우리가 회심했다면, 그 다음에 해야 할 일은 무엇인가?"라는 것이었다.

물론 우리는 "사람의 제일되는 목적은 하나님을 영화롭게 하며 영원토록 그를 즐거워하는 것"이라는 웨스트민스터 소요리문답의 유명한 문구를 알고 있었다. 또 "하나님을 사랑하고, 네 이웃을 사랑하라"와 같은 다섯 단어로 된 더 짧은 문구도 떠올렸다.

하지만 어느 것도 충분히 만족스럽지 않았다. 나는 이 땅에서의 순례 여정의 끝이 가까워 오는 지금, 내 생각이 어디까지 이르렀는지 여러분과 나누고자 한다. 그것은, 하나님은 자기 백성이 그리스도처럼 되기를 바라신다는 것이다. 그리스도를 닮아가는 것이 하나님의 백성을 향한 하나님의 뜻이다.

나는 먼저 그리스도를 닮아가라는 부르심에 대한 성경적 기초를 살펴본 다음, 둘째로 신약 성경에 나오는 본을 제시하고, 셋째로 실제적인 결론을 끌어내려 한다.

성경적 기초

이것은 어떤 한 본문에 나와 있지 않다. 한 본문으로 요약하기에는 너무 본질적인 것이기 때문이다. 우리는 세 본문을 함께 보면서 그 기초를 다질 것이다. 바로 로마서 8:29과 고린도후서 3:18과 요한일서 3:2이다.

첫째 본문은 로마서 8:29이다. 하나님이 "[자기 백성을] 그 아들의 형상을 본받게 하기 위하여 미리 정하셨으니." 타락으로 인해 아담은 창조되었을 때 갖고 있던 하나님의 형상을 많은 부분(전부다는 아니지만) 잃어버렸지만, 하나님은 그리스도 안에서 그것을 회복시키셨다. 하나님의 형상을 본받는다는 것은 예수님을 닮는다는 의미이며, 그리스도를 닮는 것은 영원히 예정된 하나님의 목적이다.

둘째 본문은 고린도후서 3:18이다. "우리가 다 수건을 벗은 얼굴로 거울을 보는 것같이 주의 영광을 보매[혹은 비추니] 그와 같은 형상으로 변화하여[혹은 바뀌어] 영광에서 영광에 이르니 곧 주의 영으로 말미암음이니라."

이제 관점이 바뀌었다. 과거에서 현재로, 하나님의 영원한 예정에서 그분이 성령을 통해 지금 우리를 변화시키시는 것으로, 우리를 그리스도처럼 되게 하시려는 하나님의 영원한 목적에서 그분의 영을 통해 우리를 그리스도의 형상으로 변화시키는 역사 속에서의 사역으로 관점이 바뀌었다.

셋째 본문은 요한일서 3:2이다. "사랑하는 자들아, 우리가 지금은 하나님의 자녀라. 장래에 어떻게 될지는 아직 나타나지 아니하였으나 그가 나타나시면 우리가 그와 같을 줄을 아는 것은 그의 참 모습 그대로 볼 것이기 때문이니." 하나님이 이 목적을 위해 일하고 계시다면, 그분이 자신과 동역하도록 우리를 부르시는 것은 당연하다. 그분은 "나를 따르라. 나를 본받으라"라고 말씀하신다.

많은 이들이 15세기 초에 토마스 아 켐피스(Thomas à Kempis)가 쓴 「그리스도를 본받아」라는 책을 들어 보았을 것이다. 수십만의 편집본과 번역본이 출판된 이 책은 아마 전 세계에서

> 우리가 그리스도인이라고 주장한다면 우리는 그리스도처럼 되어야 한다.

성경 다음으로 많이 팔린 책일 것이다. 이 책은 실제로 그리스도를 본받는 일에 대한 것이 아니다. 훨씬 다양한 내용을 다룬다. 하지만 처음 나오는 단어들로 제목을 정한 이 책이 이토록 인기를 얻은 것은 이 주제가 얼마나 중요한지를 보여 준다.

이제 요한일서 3:2로 돌아가 보자. 우리는 모르면서 또 안다. 우리는 우리가 어떻게 될지 구체적으로 잘 모르지만, 우리가 그리스도처럼 될 것임을 안다. 사실 더 알아야 할 필요도 없다. 우리는 그리스도와 함께 서할 것이며 그리스도처럼 될 것이라는 영광스

러운 진리로 만족한다.

그렇다면 여기에 모두 같은 방향을 가리키는 세 관점(과거, 현재, 미래)이 있다. 그것은 하나님의 **영원한** 목적(우리는 미리 정하심을 받았다), 하나님의 **역사적인** 목적(우리는 성령에 의해 변화되어 가고 있다), 하나님의 최종적인 **종말론적** 목적(우리는 그분과 같이 될 것이다)이다. 이 모든 것이 그리스도를 닮아간다는 같은 목적으로 한데 묶여 있다. 그리스도를 닮아가는 것이 하나님의 백성을 향한 하나님의 목적이기 때문이다.

그리스도를 닮아가는 것이 하나님의 백성을 향한 하나님의 목적이라는 성경적 기초를 세웠으므로, 이제 신약 성경에 나오는 무수한 본보기를 통해 이 진리를 설명하려 한다. 그에 앞서 전체를 아우르는 말씀인 요한일서 2:6을 언급하고 싶다. "그의 안에 산다고 하는 자는 그가 행하시는 대로 자기도 행할지니라." 우리가 그리스도인이라고 주장한다면 우리는 그리스도처럼 되어야 한다.

신약 성경의 본

우리는 성육신하신 그리스도를 닮아가야 한다

이런 말을 들으면, 금세 놀라서 뒷걸음질치는 이들이 있을지도 모른다. 또 "성육신은 분명 유일한 사건이었고 우리가 따라할 수 없는 것 아닙니까?" 하고 말할지도 모른다.

이에 대한 답은 "그렇기도 하고 아니기도 하다"이다. 하나님의 아들이 나사렛의 예수로 인성을 입은 것은 처음이자 마지막으로 단 한 번 일어난 일이며 결코 되풀이될 수 없다는 의미에서 '그렇다.' 하지만 우리 모두 그분의 위대한 겸손의 본을 따르도록 부르심받았다는 의미에서는 '아니다.' 그래서 바울은 빌립보서 2:5-8에서 이렇게 쓸 수 있었다.

> 너희 안에 이 마음을 품으라. 곧 그리스도 예수의 마음이니
>
> 그는 근본 하나님의 본체시나
> > 하나님과 동등됨을 취할 것으로 여기지 아니하시고
>
> 오히려 자기를 비워
> > 종의 형체를 가지사
> > 사람들과 같이 되셨고
>
> 사람의 모양으로 나타나사
> > 자기를 낮추시고
> > 죽기까지 복종하셨으니 곧 십자가에서 죽으심이라.

우리는 섬김의 삶을 사신 그리스도를 닮아가야 한다

이제 그분의 성육신에서 그분의 섬김의 삶으로 옮겨 온다. 그분이 제자들과 마지막 밤을 보내신 그 다락방으로 함께 가 보자. 저녁 식사 도중 그분은 겉옷을 벗으시고 수건을 허리에 두르고 대야에 물을 떠서 제자들의 발을 씻기셨다. 그 일을 마치신 후 다시

자리로 돌아오신 다음 이렇게 말씀하셨다. "내가 주와 또는 선생이 되어 너희 발을 씻었으니 너희도 서로 발을 씻어 주는 것이 옳으니라. 내가 너희에게 행한 것같이 너희도 행하게 하려 하여 본을 보였노라"(요 13:14-15).

예수님의 명령을 문자 그대로 받아들여서, 성찬 때 세족식을 하는 그리스도인들도 간혹 있다. 그들이 옳을 수도 있다. 하지만 대부분의 그리스도인은 이 명령을 문화적인 상황에 맞게 적용한다. 다시 말해 예수님이 당시 문화에서 종의 역할을 하셨다면, 우리 역시 우리 문화에서 어떤 하찮고 굴욕적인 일도 마다할 수 없다.

우리는 사랑의 삶을 사신 그리스도를 닮아가야 한다

바울은 썼다. "그리스도께서 여러분을 사랑하셔서 우리를 위하여 하나님 앞에 향기로운 예물과 제물로 자기 몸을 내어주신 것과 같이 여러분도 사랑으로 살아가십시오"(엡 5:2, 새번역). "사랑으로 살아가십시오"란 우리의 모든 행동에서 사랑을 나타내 보이라는 명령이지만, 우리를 위해 "자기 몸을 내어주신 것"은 분명 십자가를 가리키는 것이다. 따라서 바울은 죽으신 그리스도를 닮으라고, 갈보리의 사랑으로 사랑하라고 강권하는 것이다.

무슨 말을 하고 있는지 알겠는가? 바울은 우리에게 성육신하신 그리스도, 발을 씻겨 주신 그리스도, 십자가의 그리스도를 닮아가라고 강권하는 것이다.

그리스도의 생애에 일어난 이러한 사건들은 그리스도를 닮아간다는 것이 실제로 무엇을 의미하는지를 분명하게 보여 준다. 예를 들어 바울은 에베소서의 같은 장에서, 그리스도가 교회를 사랑하사 자신을 내어주심같이 자기 아내를 사랑하라고 남편들에게 강권한다(엡 5:25).

우리는 오래 참으신 그리스도를 닮아가야 한다

이에 대해서는 바울이 아니라 베드로의 가르침을 살펴보려 한다. 베드로전서는 그 모든 장에서 그리스도를 위해 고난받는 것을 암시한다. 그 서신은 핍박이 시작되던 상황을 배경으로 하기 때문이다.

특별히 베드로는 2장에서 그리스도인 종들을 향해 (부당하게 고난을 받아도) 참고 악을 악으로 갚지 말라고(벧전 2:18) 권한다. 우리는 이를 위해 부르심을 받았다. 그리스도 역시 고난을 받으심으로 본이 되어 우리로 그 발자취를 따라오게 하셨기 때문이다(벧전 2:21).

부당하게 고난받으신 그리스도를 닮아가라는 이러한 부르심은, 여러 문화에서 박해가 점증하고 있는 오늘날 점점 더 적절한 명령이 될 것이다.

우리는 선교의 사명을 감당하신 그리스도를 닮아가야 한다

지금까지 바울과 베드로의 가르침을 살펴보았다면, 이제 요한이 기록한 예수님의 가르침을 볼 것이다(요 17:18; 20:21).

예수님은 기도하시면서 아버지께 이렇게 말씀하셨다. "아버시께서 나를 세상에 보내신 것같이 나도 그들을 세상에 보내었고." 그리고 제자들에게 사명을 위임하시면서 "아버지께서 나를 보내신 것같이 나도 너희를 보내노라"라고 말씀하셨다. 이는 굉장히 중요한 말씀이다.

이는 단순히 요한복음 판 대위임령이 아니다. 이는 세상에서 그들의 사명이 그리스도의 사명과 유사한 것이라는 가르침이기도 하다. 어떤 점에서 그런가? 핵심 어구는 "세상에 보내었고"다. 다시 말해 그리스도께서 우리 세상에 들어오신 것처럼 우리도 다른 사람들의 세상에 들어가야 한다.

그것은 마이클 램지(Michael Ramsay) 주교가 다음과 같이 잘 설명하였다.

> 우리가 나가서 회의자들의 회의 속으로, 질문자들의 질문 속으로, 길 잃은 이들의 외로움 속으로 들어갈 때에만 우리 신앙에 대해 말하고 그 신앙을 권할 수 있다.[2]

이렇게 다른 사람의 세상 속으로 들어가는 것이, 정확히 성육신적 선교가 의미하는 바다. 진정한 선교는 모두 성육신적이다. 우리는 선교의 사명을 감당하신 그리스도를 닮아가야 한다.

이상은 우리가 그리스도를 닮는 다섯 가지 핵심적인 방법이다. 우리는 그리스도의 성육신, 그분의 섬김, 그분의 사랑, 그분의 오래 참음, 그분의 선교를 닮아가야 한다.

세 가지 실제적인 결과

지금까지, 그리스도를 닮아가는 것에 대한 성경적 기초와 본을 살펴보았다. 이제 그 세 가지 실제적인 결과로 결론을 지으려 한다.

고난의 신비

물론 고난은 그 자체로 방대한 주제이며 그리스도인들이 고난을 이해하는 여러 방식이 있다. 그러나 한 가지 눈에 띄는 것이 있는데, 고난은 하나님이 우리를 그리스도를 닮은 존재로 만드시는 과정의 일부라는 것이다. 실망과 좌절에도 불구하고 우리는 고난을 로마서 8:28과 8:29의 관점에서 보려고 노력해야 한다.

로마서 8:28에 따르면 하나님은 항상 자기 백성의 선을 위해 일하고 계시며, 8:29에 따르면 그 선한 목적은 우리가 그리스도를 닮은 존재가 되게 하시는 것이다.

복음 전도의 도전

복음을 전하려는 우리 노력이 종종 실패로 점철되는 이유가 무엇인가? 몇몇 다른 이유가 있지만, 또 지나치게 단순화해서는 안 되겠지만, 한 가지 주요한 이유는 우리 모습이 우리가 선포하는 그리스도 같아 보이지 않기 때문이다.

존 풀톤(John Poulton)은 통찰력 있는 작은 책 「오늘날의 복음 전도」(*A Today Sort of Evangelism*)에서 이렇게 썼다.

> 가장 효과적인 선포는 자신이 말한 바를 그대로 구현해 내는 사람들의 선포다. 그들은 **곧** 그들이 전하는 메시지다.…그리스도인들은…그들이 말하는 것과 같은 모습이 되어야 한다. 소통하는 것은 무엇보다 **사람**이지 말이나 개념이 아니다.…진정성은…사람의 내면 깊숙한 곳으로부터 전달된다.…잠깐의 불성실로 인해 지금까지 소통을 위해 이루어 놓은 모든 것이 의심스러워질 수 있다.…기본적으로 소통은 진실한 인격으로 가능하다.[3]

> "그리스도인들이 예수 그리스도처럼 산다면, 인도는 내일이면 너희 휘하에 있게 될 것이다."

자신의 제자 중 한 명이 그리스도인임을 알게 된 한 힌두인 교수는 이렇게 말했다. "그리스도인들이 예수 그리스도처럼 산다면, 인도는 내일이면 너희 휘하에 있게 될 것이다."

또 다른 예는 아랍의 무슬림이었던 이스칸다르 야디드(Iskandar Jadeed) 목사의 말이다. "모든 그리스도인이 그리스도인이라면, 오늘날 이슬람은 없을 것이다."

이 말을 한 사람들을 개인적으로는 모르지만, 나는 그 말이 진실이라고 믿는다.

성령의 내주

지금까지 그리스도를 닮아가는 것에 대해 많은 이야기를 했다. 하지만 그 일이 우리에게 어떻게 가능한가? 우리의 힘으로는 분명 할 수 없지만, 하나님은 우리가 그분의 뜻을 이룰 수 있도록 성령을 주셨다.

윌리엄 템플은 이를 설명하기 위해 셰익스피어를 예로 들곤 한다.

내게 햄릿이나 리어 왕 같은 희곡을 주고 그런 희곡을 쓰라고 말하는 것은 아무런 소용이 없는 일이다. 셰익스피어는 할 수 있지만 나는 할 수 없다.

내게 예수님의 삶과 같은 삶을 보여 주고 그렇게 살라고 하는 것은 아무런 소용이 없는 일이다. 예수님은 그렇게 살 수 있지만 나는 그럴 수 없다.

그러나 셰익스피어의 재능이 내 속에 들어온다면, 나도 그처럼 희곡을 쓸 수 있다.

예수님의 영이 내 속에 들어온다면, 나도 그분처럼 살 수 있다.

하나님의 뜻은 우리가 그리스도처럼 되는 것이며, 하나님의 방법은 우리를 성령으로 충만하게 하시는 것이다.

3장
성숙

1990년대에 국제 랭햄 파트너십의 순회 강연 때였다. 나는 청중에게 오늘날 세상에 비치는 그리스도인의 모습을 어떻게 요약할 수 있을까라는 질문을 던지곤 했다. 그리고 다양한 대답들에 귀를 기울였다. 잠시 후 그 질문에 대한 나의 대답을 요청받으면, 나는 단 세 단어로 그것을 요약했다. 그것은 '깊이 없는 성장'이다.

세계 전역에서 경이적인 교회 성장이 일어나고 있다는 데는 의심의 여지가 없다. 교회 성장의 통계는 놀랄 만하다. '폭발적인 증가'라는 묘사는 과장이 아니다. 예를 들어, 중국 교회는 20세기 중반 이후로 적어도 100배나 성장했다. 오늘날 중국에서는 서유럽의 교회들을 모두 합한 것보다도 더 많은 기독교 신자들이 매주일 하나님께 예배를 드린다.

하지만 우리는 승리주의에 빠져서는 안 된다. 그것은 종종 깊이 없는 성장이기 때문이다.

피상적인 제자도의 모습은 어디에나 퍼져 있고, 교회 지도자들은 개탄한다. 최근 남아시아의 어떤 지도자는, 자국의 교회가 수적으로는 성장하고 있지만 "경건함과 통합성이 부족하여 심각한 문제"라는 글을 내게 보냈다. 아프리카의 한 지도자 역시, 아프리카 교회의 급속한 성장에 대해서는 잘 알고 있지만 "이러한 성장은 대개 수적인 성장이며…교회는 자신만의 강한 '성경적·신학적 기초가 없다"고 썼다.

 더 놀라운 것은 2006년 4월 로스엔젤레스에서, 당시 중국 그리스도인 협회(China Christian Council)의 회장이었던 카오 솅지(Cao Shengjie) 여사가 한 말이다.

> 어떤 사람들은 교회가 수적으로 성장하고 있다면 잘 하고 있는 것이라고 말합니다.…또한 우리는 교회에 날마다 사람들이 더해지는 것을 보고 싶습니다. 하지만 우리는 숫자만을 바라지는 않습니다. 수적 증가가 교회의 신앙을 견고하게 세워 가는 일과 함께 가기를 바랍니다.

 이러한 다수 세계 지도자들의 말이 분명히 보여 주는 것이 있다. '깊이 없는 성장', 즉 그에 상응하는 제자도가 나타나지 않는 수치상의 성장은 다른 나라들의 평가가 아니라 그곳 지도자들의 시각이라는 것이다.

 더욱이 이러한 상황이 심각한 이유는, 하나님이 이것을 기뻐하지 않으시기 때문이다. 우리가 감히 이렇게 말할 수 있는 것은, 신약 성경의 여러 서신들을 쓴 사도들이 수신자들의 미성숙을 책망하며 성장을 촉구하고 있기 때문이다. 예를 들어, 고린도 교회를 향한 바울의 비판을 살펴보자.

> 형제들아 내가 신령한 자들을 대함과 같이 너희에게 말할 수 없어서 육신에 속한 자 곧 그리스도 안에서 어린 아이들을 대함과 같이 하

노라. 내가 너희를 젖으로 먹이고 밥으로 아니하였노니 이는 너희가 감당하지 못하였음이거니와 지금도 못하리라. 너희는 아직 육신에 속한 자로다. 너희 가운데 시기와 분쟁이 있으니 어찌 육신에 속하여 사람을 따라 행함이 아니리요.(고전 3:1-3)

그러나 바울이 성숙에 대해서 쓴 다른 본문이 있다. 바로 이번 장에서 초점을 맞출 구절이다.

우리가 그[그리스도]를 전파하여 각 사람을 권하고 모든 지혜로 각 사람을 가르침은 각 사람을 그리스도 안에서 완전한(fully mature, *teleios*) 자로 세우려 함이니 이를 위하여 나도 내 속에서 역사하는 이의 역사를 따라 힘을 다하여 수고하노라.(골 1:28-29)

헬라어 형용사 '텔레이오스'는 신약 성경에 19회 나오는데, 문맥에 따라 '완전한' 혹은 '성숙한'으로 번역된다. 하지만 절대적인 의미에서 '완전한'을 의미하는 경우는 거의 없다. 오히려 '텔레이오스'는 (사람에게 사용될 때) 어린아이나 아기와 대조된다(예를 들어, 고전 13:10-11). 나는 이렇게 '성숙한'으로 쓰이는 경우가 '텔레이오스'의 의미를 가장 잘 이해한 것이라 생각한다.

성경 본문의 온전한 의미를 파악하기 위해서는, 보통 그 본문을 증인석에 올려놓고 조사를 해 보는 것이 좋다. 이제 골로새서 1:28-29에 대해 그렇게 해 보려 한다.

> 성숙이란, 그리스도를 예배하고 신뢰하고 사랑하고 순종함으로 그분과 성숙한 관계를 맺는 것이다.

첫째, 중요한 질문은 성숙의 본질에 대한 것이다. 그리스도인의 성숙이란 무엇인가? 사실 성숙이라는 말은 정확하게 이해하기가 다소 어렵다. 우리는 대부분 미성숙한 상태에서 늘 어려움을 겪는다. 다 자란 성인들도 그들 속 어딘가에 여전히 어린아이가 숨어 있다.

더욱이 성숙에는 여러 종류가 있다. 신체적 성숙(건강하게 잘 발달된 신체를 지닌), 지적 성숙(훈련된 지성과 일관성 있는 세계관을 지닌), 도덕적 성숙("연단을 받아 선악을 분별하는", 히 5:14), 정서적 성숙(인간 관계를 잘 맺고 책임을 감당할 수 있는 균형잡힌 인격을 지닌) 등이다. 하지만 무엇보다도 영적 성숙이 있다. 이것은 무엇인가? 바울 사도는 그것을 '그리스도 안에서의' 성숙, 즉 그리스도와 성숙한 관계를 맺는 것이라 부른다.

바울은 그리스도인을, '그리스도 안에' 있는 사람들이라 보통 정의한다. 이는 옷장 안에 옷이 있거나 상자 안에 공구들이 있는 것처럼 우리가 그리스도 안에 있다는 의미가 아니라, 가지가 포도나무 '에'(in) 붙어 있거나 팔다리가 몸 '에'(in) 붙어 있는 것처럼, 그리스도와 연합하여 있는 것을 의미한다. 그러므로 '그리스도 안에' 있다는 것은 인격적으로, 생명으로, 유기적으로 그분과 연결되어 있다는 뜻이다. 이런 의미에서 성숙이란, 그리스도를 예배하고 신뢰하고 사랑하고 순종함으로 그분과 성숙한 관계를 맺는 것이다.

그렇다면 그 다음 질문은 그리스도인은 어떻게 성숙하느냐 하는 것이다. 본문은 우리에게 분명한 답을 준다. 28절 문장의 기본 뼈대를 보자. "우리가 그를 전파하여…각 사람을 그리스도 안에서 완전한 자로 세우려 함이니."

이는 논리적으로 당연하다. 그분을 예배하고 신뢰하고 순종함으로 그리스도와의 관계에서 성숙하는 것이 그리스도인의 성숙이라면, 우리가 그리스도를 더 분명히 볼수록 그분은 우리의 헌신을 받기에 합당하신 분임을 더 확신하게 될 것이다.

패커(J. I. Packer)는 「하나님을 아는 지식」(*Knowing God*, 한국 IVP)의 서론에서,[1] "우리의 하나님이 왜소하기 때문에 우리는 왜소한 그리스도인"이라고 썼다. 이와 마찬가지로, 우리의 그리스도가 왜소하기 때문에 우리는 왜소한 그리스도인이라고 말할 수 있다. 사실 세상의 종교 시장에는 많은 예수가 나와 있다. 그 대부분이 거짓 예수, 왜곡된 예수, 진정한 예수를 어설프게 모방한 것들이다.

예를 들어, 우리 시대에는 서로 경쟁하고 있는 자본주의자 예수와 사회주의자 예수가 있다. 금욕주의자 예수와 탐식주의자 예수가 대립하기도 한다. 물론 유명한 뮤지컬 "가스펠"(Godspell)과 "지저스 크라이스트 수퍼스타"(Jesus Christ Superstar)의 광대 예수도 있다. 이외에도 아주 많다. 그러나 이런 예수들은 모두 결함이 있으며, 이 중 어느 예수도 우리의 예배와 경배를 받기에 합당하지 않다. 바울은 그 각각을 '다른 예수', 사도들이 선포한 예수와는 다른 예수라고 불렀다.

그러므로 그리스도인으로서 진정한 성숙에 이르고자 한다면, 무엇보다도 먼저 예수 그리스도에 대한 신선하고 참된 시각이 필요하다. 특히 바울이 골로새서 1장의 앞부분, 15절부터 20절에서 정리한 그분의 절대 우월성에 주목해야 한다. 이는 신약 성경 전체에서 가장 장엄한 기독론적 본문 중 하나다. 이를 다음과 같이 부드럽게 바꾸어 보았다.

예수님은 보이지 않는 하나님의 보이는 형상이십니다(15절). 그러므로 그분을 본 사람은 누구든 아버지를 본 것입니다. 그분은 또한 '모든 피조물보다 먼저 나신 분'입니다. 그분은 창조된 것이 아니라 먼저 나신 분으로서 권세를 지니고 계십니다. 그러므로 피조물의 '주이시자 머리'이십니다(16절). 그분을 통해 우주가 창조되었습니다. 만물은 대행자 되신 그분을 통하여, 머리 되신 그분을 위하여 창조되었습니다. 그분 안에서 만물은 통합되고 일관성을 갖습니다. 또한 그분은 몸 된 교회의 머리이십니다. 그분은 처음이시며 죽은 자들 가운데서 제일 먼저 살아나신 분이기에, 만물 가운데 최고의 존재이십니다(18절). 하나님은 그리스도 안에 그분의 모든 충만이 거하게 하시고 그리스도의 십자가의 피로 평화를 이루심으로써, 그리스도를 통하여 만물이 자신과 화해하는 것을 기뻐하십니다(19-20절).

이렇게 바울은 그리스도를 주로, 피조물의 주(그분을 통해서 만물이 창조된)요 교회의 주(그분을 통해 만물이 화해에 이르게 된)로 선포한다.

그분의 존재(하나님의 형상이자 하나님의 충만함)로 인해, 그리고 그분이 하신 일(창조 세계를 존재하게 하시고 화해를 가져오신)로 인해, 예수 그리스도는 이중적인 우월성을 가지신다. 그분은 우주의 머리이시며 교회의 머리이시다. 그분은 두 창조물 모두의 주이시다.

이는 사도 바울이 장엄하게 그려 낸 예수 그리스도의 모습이다. 우리가 어떻게 그분 앞에 꿇어 엎드리지 않을 수 있을까? 이제 보잘것없고 미약하고 왜소한 예수는 치워 버리자! 광대 예수, 대중의 스타 예수는 치워 버리자! 정치적인 메시아와 혁명가도 치워 버리자! 이들은 예수를 어설프게 모방한 것이다. 우리가 그분에 대해 이렇게 생각한다면, 우리가 계속 성숙하지 못하는 것은 당연한 일이다.

그렇다면 진정한 예수는 어디서 찾을 수 있는가? 성경에서 찾을 수 있다는 것이 그 답이다. 성경은 성부께서 그려 내신 성자의 모습에 성령이 색을 입히신 것이라고 묘사할 수 있다. 성경은 그리스도로 가득 차 있다. 그분이 직접 말씀하셨듯이 성경은 "내게 대하여 증언하는 것"이다(요 5:39). 초대교회의 교부 히에로니무스는 "성경에 대해 무지한 것은 그리스도에 대해 무지한 것이다"라고 썼다. 마찬가지로 우리는 성경에 대한 지식은 그리스도에 대한 지식이라고 말할 수 있다.

우리 눈에서 안대를 벗어 버릴 수 있다면 얼마나 좋을까! 그분이 누구신지, 그분이 어떤 일을 하셨는지에 깊이 잠겨서 예수를 볼 수 있다면 얼마나 좋을까! 그러면 분명 그분이 우리의 전적인 충성을 받기에 합당한 분임을 알게 될 것이고, 우리 속에서 믿음과 사랑과 순종이 나와, 우리는 성숙해 갈 것이다. 진정한 예수에 대한 새롭고 분명하고 참된 시각이야말로, 그리스도의 제자로 성숙하는 데 가장 중요하다.

지금까지 그리스도인의 성숙에 대해 정의하고, 제자들이 어떻게 성숙하는지에 대해 생각해 보았다. 이제 셋째로, 이 성숙에 대한 부르심은 누구에게 주어진 것인지에 대해 질문할 차례다. 본문에서 바울이 "각 사람"이라는 말을 반복하고 있다는 사실을 우리는 모른 체할 수 없다. "우리가 그를 전파하여 각 사람을 권하고 모든 지혜로 각 사람을 가르침은 각 사람을 그리스도 안에서 완전한 자로 세우려 함이니"(골 1:28). 이렇게 세 번 반복한 데는 '골로새 교회의 이단'이라 알려진 것이 배경이 되는 듯하다. 그 정확한 형태에 대해서는 학자들이 아직도 논쟁 중이지만, 2세기 중엽이 되어서야 온전한 형태를 취하게 된 초기 영지주의였다는 것은 거의 확실하다.

이 초기 영지주의는 두 계급, 혹은 두 종류의 그리스도인이 있다고 가르쳤던 것 같다. 한쪽에는 '피스티스'(*pistis*, 믿음)로 연결이 된 '호이 폴로이'(*hoi polloi*, 평범한 자들)가 있었다. 다른 한쪽에는 '그노시스'(*gnosis*, 특별한 지식)를 전수받은 '호이 텔레이오이'(*hoi teleioi*, 완전한 자들)가 있었다. 바울은 이러한 기독교 엘리트주의를 혐오하며 단호하게 반대했다. 그는 그리스도를 선포하면서 영지주의의 용어인 '텔레이오스'를 그대로 가져와 모든 사람에게 적용했다.

그는 모든 사람을 그리스도 안에서 '텔레이오스'(성숙한 자)로 세우기 위해 모든 사람을 권하고 가르쳤다고 주장했다. 그리스도 안에서의 성숙은 단연코 특별한 소수에게만 열려 있는 것이 아니다. 그것은 모든 사람에게 열려 있다. 거기에 이를 수 없는 사람은 없다.

성경을 연구할 때 우리가 저자의 입장에 서야 하는가 아니면 독자의 입장에 서야 하는가 하는 것은 흥미로운 해석학적 질문이다. 때로는 이 본문의 경우처럼 양쪽에 다 서는 것이 적합하다. 골로새의 그리스도인들 곁에 앉아서 바울의 메시지를 듣는 일은 분명 적절하다. 우리는 사도의 말에 세심하게 귀를 기울이고, 성숙에 이르라는 그의 권고를 받아들여, 성경을 더 전심으로 읽기로 결단할 것이다. 그리고 성경을 읽을 때 그리스도를 사랑하고 신뢰하고 순종하기 위해 그분을 바라볼 것이다. 제자도의 원리는 분명하다. 우리가 그리스도를 바라보는 시각이 빈약할수록 우리 제자도는 빈약할 것이고, 반면에 우리가 그리스도를 바라보는 시각이 풍성할수록 우리 제자도도 풍성할 것이다.

골로새의 그리스도인들에게 메시지를 전하는 사도 바울의 곁에 서는 일 역시 적절하다. 특별히 우리가 기독교 지도자의 위치에 있다면 말이다. 그는 사도였고 우리는 아니라는 것은 사실이다. 우리에게 그와 같은 권위는 없다. 그럼에도 불구하고 우리가 안수를 받았든 평신도 지도자든 간에, 우리에게는 그가 받은 것에 견줄 만한 목회적 책임이 있다.

따라서 우리는 바울의 목회적 목표에 주목해야 한다. 바울에 대해 널리 알려진 이미지는 복음 전도자, 개척 선교사, 교회 개척자의 모습이다. 그 역할의 목표는 회심자들을 얻고, 교회를 세우고, 그런 다음 떠나는 것이다. 그러나 이것은 한쪽 면만 본 것이다. 여기서 그는 자신을 목회자요 교사로 묘사한다. 그가 간절히 바라는 바는 전도 단계를 넘어서 제자도로 나아가는 것이며, 모든 사람이 그리스도 안에서 성숙하는 것이라고 쓴다. 이것이 그가 전력투구하는 목표이기에 우리 역시 그래야 한다! "이 일을 위하여 나도 내 속에서 능력으로 작용하는 그분의 활력을 따라 수고하며 애쓰고 있습니다"(골 1:29, 새번역). 헬라어 동사 둘은('수고하며', '애쓰고') 모두 육체적인 수고와 관련된다. 앞의 단어는 농부의 수고를 묘사할 때 사용되고, 두 번째는 고대 그리스의 운동 선수들에게 사용되는 것이다. 둘 다 근육이 튀어나오고 땀이 흐르는 모습을 연상시킨다.

바울이 그리스도의 힘으로만 전력투구할 수 있었다는 것은 사실이다. 하지만 그러한 신적인 힘을 입을 때조차 그는 수고하며 애써야 했다. 기도하고 연구하는 일도 말할 필요가 없다. 목회 사역의 더 큰 목표는 있을 수 없다. 리더로 부름받은 모든 이에게 이는 얼마나 놀라운 표어인가. 우리가 책임지고 있는 이들 모두가 그리스도 안에서 성숙한 자로 세워지기를 간절히 원하는 것!

돌아보건대, 우리에게는 이중적인 책임이 있음을 알 수 있다. 그리스도 안에서 성숙한 자가 되는 것은 우리 자신을 위한 목표이기도 하고 다른 사람을 위한 우리 목회 사역의 목표이기도 하다.

그러므로 하나님이 우리에게 예수 그리스도를 바라보는 온전하고 선명한 시각을 주셔서, 먼저 우리 자신이 성숙한 자로 자라고, 그런 다음 그리스도의 충만함을 다른 사람들에게 신실하게 선포함으로써 그들도 성숙한 자로 세울 수 있기를 기도한다.

4장

창조 세계를 돌봄

급진적인 제자도의 몇몇 측면이 (내 관점에서 보기에) 무시되고 있음을 짚어 가면서, 우리는 개인적이고 사적인 영역에만 제한하여 생각할 수 없다. 우리는 하나님과 이웃에 대한 의무를 더 넓은 시각으로 보는 일에 관심을 가져야 한다. 그중 하나가 이번 장의 주제다. 바로 창조된 환경을 돌보는 일이다.

성경은 하나님이 세상을 창조하실 때 인간을 위해 세 가지 기본적인 관계를 세우셨다고 말한다. 첫째는 그분 자신과의 관계다. 그분이 자신의 형상으로 그들을 만드셨기 때문이다. 둘째는 서로와의 관계다. 인간은 태초부터 복수였기 때문이다. 셋째는 그분이 그들로 하여금 다스리게 하신 선한 땅과 피조물들과의 관계다.

그런데 이 세 관계가 타락으로 인해 비뚤어졌다. 아담과 하와는 여호와 하나님의 임재가 있는 동산에서 쫓겨났으며, 그 사건에 대해 서로를 비난했고, 그들의 불순종으로 인해 선한 땅이 저주를 받았다.

그러므로 하나님의 회복 계획에는 우리가 하나님과 화해하고 서로서로 화해하는 것뿐 아니라 신음하는 창조 세계를 해방시키는 일 역시 당연히 포함되어 있다. 우리는 언젠가 새 하늘과 새 땅이 있으리라 단언할 수 있다(예를 들어, 벧후 3:13; 계 21:1). 그것은 마지막 날 우리를 기다리고 있는 완전한 미래를 향한 우리 소망의 중요한 부분이다. 그러나 그때까지는 창조 세계 전체가 신음하며 새 창조의 산고를 겪을 것이다(롬 8:18-23). 이 땅의 궁극적인 모습을 지금 얼마나 경험할 수 있느냐 하는 것은 논쟁의 여지가 있다. 하지만 우리가 확실히 말할 수 있는 것이 있다. 부활한 몸의 최종적인 운명에 대한 우리 이해가 현재 우리 몸을 대하는 태도에 영향을 미치듯이, 새 하늘과 새 땅에 대한 지식은 우리가 지금 세상을 대하는 태도에 영향을 미치고 그것을 더 귀중히 다루게 할 것이다.

그렇다면 우리는 이 땅에 대해 어떤 태도를 가져야 하는가? 성경은 두 가지 기본적인 선언으로 방향을 제시한다. "땅은 여호와의 것이로다"(시 24:1). "땅은 사람에게 주셨도다"(시 115:16).

1999년 5월 나는 나이로비에서 열린 "그리스도인과 환경"이라는 일일 컨퍼런스에 참여할 특권을 얻었다. 미시간 아우사블(Au Sable) 연구소의 캘빈 드 위트(Calvin De Witt) 박사와 국제 '아 로샤'(A Rocha International)의 대표 피터 해리스도 나와 함께 강연을 했다. 그날 참석한 이들은 케냐 정부의 지도자들과 교회, 선교 단체, NGO의 대표들이었다. 그 모임은 많은 이들의 관심을 끌었다. 창조 세계를 돌보는 일은, '북반구' 선진국들이 자국의 이익을 추구하는 것도 아니고, 새 관찰자나 꽃을 좋아하는 이들 등 특화된 소수만이 열심을 내는 일이 아니라, 점점 기독교의 주요한 관심사가 되고 있음이 분명했다.

그 모임 이후 「창조 세계를 돌보는 일에 대한 복음주의 선언」

(*Evangelical Declaration on the Care of Creation*, 1999)이라는 책이 출판되었고, 다음 해에는 좀더 자세한 해설서가 출간되었다. 이 책은 베리(R. J. Berry)가 편집하여 「창조 세계를 돌봄」(*The Care of Creation*)이라는 제목으로 나왔다.[1]

"땅은 여호와의 것이로다"와 "땅은 사람에게 주셨도다"라는 선언은 서로 모순되기보다는 보완적이다. 땅은 창조로 인해 하나님께 속하고 위임으로 인해 우리에게 속하기 때문이다. 이는 하나님이 땅에 대한 자신의 소유권을 다 포기하고 우리에게 넘겨주셨다는 의미가 아니라, 우리가 그분을 대신하여 그 땅을 보존하고 개발하도록 책임을 주셨다는 의미다.

그렇다면 우리는 땅과 어떤 관계를 맺어야 하는가? 하나님이 땅을 창조하셨고 그것이 우리에게 위임되었음을 기억한다면, 우리는 두 가지 반대 극단을 피하고 자연과의 더 나은 관계를 발전시켜야 할 것이다.

> "땅은 여호와의 것이로다"와 "땅은 사람에게 주셨도다"라는 선언은 서로 모순되기보다는 보완적이다.

첫째, 우리는 **자연을 신격화**하는 일을 피해야 한다. 이는 창조주와 그분의 창조 세계를 동일시하는 범신론자들이 저지른 실수이며, 자연 세계를 영들의 거처로 삼은 정령숭배자들의 실수이고, 자연에 대해 스스로 충족되고, 스스로 조정되고, 스스로 영속하는 메커니즘을 부여한 뉴에이지 가이아 운동의 실수다. 이 모든 혼란은 창조주를 모욕하는 것이다. 자연은 창조주가 아니라 창조 세계라는 기독교적 인식은 모든 과학적 유산에 없어서는 안 될 서막이며, 오늘날의 지구 자원 개발에도 꼭 필요하다. 우리는 하나님이 자연을 만드셨기 때문에 자연을 **존중한다**. 하지만 자연을 하나님인 양 **경배**하지는 않는다.

둘째, 우리는 **자연을 착취하는** 반대 극단도 피해야 한다. 자연에 대해 하나님인 것처럼 굽신대서도 안 되고, 우리가 하나님인 것처럼 오만하게 자연을 대해서도 안 된다. 창세기 1장은 환경에 대해 무책임한 태도를 나타낸다는 이유로 부당한 비난을 받아 왔다. 하나님은 인간에게 땅을 '다스리고' '정복하라'고 명령하셨고(창 1:26-28), 이 두 히브리어 동사가 강력한 의미를 전달하는 것은 사실이다. 하지만 이 땅을 **창조하신** 분이 그것을 **파괴하라고** 우리에게 넘겨주셨다고 상상하는 것은 말도 안 된다. 그렇지 않다. 하나님이 우리에게 주신 지배권은 파괴적인 지배를 하라는 것이 아니라, **책임 있는 청지기가 되라**는 것으로 보아야 한다.

셋째, 인간과 자연의 올바른 관계는 **하나님과 동역하는 것**이다. 우리가 창조 세계의 일부임은 확실하다. 창조 세계 전체가 창조주에게 의존하고 있듯이 우리도 그렇다. 하지만 동시에 그분은 하나님-인간의 동역자 관계를 위해 의도적으로 자신을 낮추셨다. 그분이 땅을 창조하셨지만 그런 다음 우리에게 그것을 정복하라고 말씀하셨다. 그분이 동산을 꾸며 놓으셨지만, 그런 다음 아담을 거기에 두고 "그것을 경작하며 지키라"고 하셨다(창 2:15). 이를 종종 문화 명령이라 부른다. 하나님이 우리에게 주신 것은 **자**

연이지만 그 자연으로 우리가 하는 일은 **문화**이기 때문이다. 우리는 환경을 보존해야 할 뿐 아니라 공공의 이익을 위해 자원을 개발해야 한다.

하나님의 뜻을 이루기 위해 하나님과 동역하는 것, 만물의 즐거움과 유익을 위해 창조 질서를 변화시키는 것은 고귀한 소명이다. 그럴 때 우리의 일은 예배의 표현이 된다. 창조 세계를 돌보는 일에는 창조주를 향한 우리 사랑이 반영될 것이기 때문이다.

또 하나 덧붙일 것이 있다. 환경을 보존하고 변화시키는 인간의 일을 강조하다 보면 그것을 과장할 위험이 있다. 앙리 블로허(Henri Blocher)는 창세기의 첫 세 장에 대한 탁월한 주해인「태초에」(In the Beginning)라는 책에서,[2] 창세기 1장의 절정은 일하는 인간을 창조하신 것이 아니라, 예배하는 인간을 위해 안식일을 제정하신 것이라고 주장한다. 그 마지막 지점은 (땅을 정복하는) 우리의 수고가 아니라 안식일에 우리의 수고를 제쳐두는 것이다. 안식일이야말로 일의 중요성을 더 넓은 시각에서 보게 해준다. 안식일은, 일이 마치 우리 존재의 전부인 양 거기 매몰되지 않도록 지켜준다. 그렇지 않다. 우리는 우리가 변화시키는 땅을 통해서만이 아니라, 우리가 예배드리는 하나님을 통해서도 우리 인간됨을 발견한다. 창조 세계를 통해서만이 아니라 무엇보다도 창조주를 통해서도 우리 인간됨을 발견한다. 하나님은 우리의 일이 예배의 표현이 되도록 의도하셨으며, 창조 세계를 돌보는 일에 창조주를 향한 사랑이 담기도록 하셨다. 그럴 때에만 우리는 말이든 행동이든 무엇을 하든 하나님께 영광이 되도록 할 수 있다(고전 10:31).

이를 비롯한 성경의 다른 주제들은 「창조 세계를 돌보는 일에 대한 복음주의 선언」과 이에 대한 해설서에 나와 있다. 모두 세심하게 연구할 만한 책들이다.[3]

생태계의 위기

이러한 건전한 성경적 가르침을 바탕으로, 이제 우리는 현재의 생태계 위기를 보아야 한다. 다양한 방식의 탐구가 진행되어 왔지만 모두 다음의 네 요소를 포함하는 것 같다.

첫째, **세계 인구 성장의 가속화**다. 국제연합의 인구 분과에 따르면 인구 통계는 대략 1804년에 시작되었다. 이는 세계 인구가 10억에 이르렀던 때다. 21세기 초(즉, 오늘날)에 이르러서는 세계 인구가 총 68억이 되었고, 금세기 중반에는 상상하기 힘든 95억에 이를 것으로 추산된다.

통계 수치는 기억하기 어렵다. 간단한 표가 도움이 될 것이다.

과거	1804년	10억
현재	2000년	68억
미래	2050년	95억

이렇게 많은 사람들, 특히 그중 약 1/5은 생계를 위한 기본 필수품도 없는 상황에서 이 많은 사람을 어떻게 먹일 수 있겠는가?

둘째, **지구 자원의 고갈**이다. 슈마허(E. F. Shumacher)는 「작은 것이 아름답다」(문예출판사)라는 유명한 책에서[4], 자본과 소득의 차이에 세계의 이목을 집중시켰다. 예를 들어, 화석 연료는 자본이다. 이는 한번 소모되면 되살릴 수 없다. 산림 파괴와 사막화로 불리는 끔찍한 과정들도 마찬가지다. 깨끗한 공기와 물을 제공하는 서식지와 생물종들, 지구의 숲 지역, 대양의 플랑크톤이 오염되거나 파괴되는 것도 마찬가지다.

셋째, **쓰레기 처리**다. 인구가 증가함에 따라 문제도 증가한다. 제조업에서 나오는 불량품, 포장재, 소모품 등을 어떻게 안전하게 폐기할 것인가 하는 것 때문이다. 영국의 보통 사람은 석 달마다 자기 몸무게만큼 쓰레기를 버린다. 1994년에 나온 「지속 가능한 개발: 영국의 전략」(*Sustainable Development: The UK Strategy*)이라는 영국의 보고서는 점점 커지는 이 문제에 대처하기 위해 "쓰레기 관리 4단계"를 발표했다.

넷째, **기후 변화**다. 지구가 직면한 전 세계적 위협 가운데 이것은 가장 심각하다.

대기 중의 자외선 복사는 우리를 보호하는 역할을 한다. 그런데 오존층이 손상을 입으면 자외선이 피부암을 유발하고 면역 체계를 교란시킨다. 1983년에는 남극 대륙과 그 이웃 나라의 오존층에 큰 구멍이 생겨 많은 사람들을 놀라게 만들었다.

몇 년 후에는 북반구에 비슷한 구멍이 생겼다. 그때까지 오존 감소의 원인은, 에어컨, 냉장고, 압축 가스 등에 사용되는 화학물인 프레온가스로 알려져 있었다. 몬트리올 협약은 1997년까지 프레온가스의 방출을 반으로 줄이도록 각 나라에 요청했다.

기후 변화는 복합적인 문제다. (우리 행성의 생존에 필수적인) 지구 표면의 온기는, 태양광선의 복사와 지구가 공간으로 방출하는 적외선 복사의 조합으로 유지된다. '온실 가스'(특별히 이산화탄소)에 의한 대기 오염은 적외선 방출을 감소시켜 지구 표면의 온도를 상승시킨다. 이것이 이른바 '온실 효과'다. 이것이 세계의 지형과 기후에 처참한 결과를 초래하는 지구 온난화의 공포다.[5]

이러한 네 가지 환경적인 위험에 대해 숙고해 볼 때, 우리 행성 전체가 위태로운 상황이라고 말하지 않을 수 없다. '위기'라는 말은 더 이상 과장이 아니다. 이에 대한 적절한 반응은 무엇일까? 우선 우리는 1992년에 리오에서 이른바 '지구 서밋'(Earth Summit: 유엔환경개발회의의 속칭-역주)이 개최되어 "전 지구적인 지속 가능한 개발"에 전념하게 된 데 대해 감사한다. 이후 회의에서는 환경에 관한 문제는 선진국들 앞에 놓인 것임을 확인했다.

이러한 공식적인 회의와 함께 몇몇 NGO들이 발족되었다. 나는 그중 가장 눈에 띄는 두 개의 기독교 기관을 언급하려 한다. 바로 '티어펀드'(Tearfund)와 '아 로샤'다. 이 두 단체는 최근 특별한 행사를 가졌다(각각 40년과 25년째를 기념했다).

조지 호프만(George Hoffman)이 창설한 '티어펀드'는 넓은 의미에서의 개발에 전념하여, 다수 세계의 '협력자'들과 긴밀한 관계에서 일한다. '티어펀드'에 대한 놀라운 이야기는 마이크 할로우

(Mike Hollow)가 「미래와 희망」(*A Future and A Hope*)이라는 책에 상세히 기록해 놓았다.[6]

> 급진적인 제자는 창조 세계를 돌보기 위해 무엇을 할 수 있을까?

'아 로샤'는 좀 다르고 훨씬 규모가 작다. 이 단체는 1983년 피터 해리스가 창설했다. 그는 이 단체의 성장에 대해 「찬란한 날개 아래」(*Under the Bright Wings*, 첫 10년간의 이야기)와 「물총새의 광채」(*Kingfisher's Fire*, 지금까지의 이야기가 담겨 있는)라는 두 책에 기록해 놓았다.[7] 이 단체의 꾸준한 성장은 괄목할 만하다. 지금은 모든 대륙에 현지 조사 센터를 설립하고 18개국에서 활동하고 있다.

기독교 환경 단체를 후원하는 것은 아주 좋은 일이다. 하지만 우리의 개인적인 책임은 무엇인가? 크리스토퍼 라이트는 그 질문에 대해 대답해 준다. 급진적인 제자는 창조 세계를 돌보기 위해 무엇을 할 수 있을까? 그는 수많은 그리스도인이 창조 세계에 관심을 갖고 환경에 대한 책임을 진지하게 고민하는 것을 꿈꾼다.

이들은 가능한 곳 어디에서든 환경 친화적인 에너지를 선택한다. 불필요한 기기는 전원을 꺼 놓는다. 가능한 한 윤리적으로 건전한 환경 정책을 갖고 있는 회사의 식품과 재화와 용역들을 구매한다. 환경 보호 협회에 가입한다. 지나친 소비와 불필요한 낭비를 피하고 가능한 한 재활용을 한다.[8]

또한 그는 점점 더 많은 그리스도인이 선교의 성경적 개념에 창조 세계를 돌보는 일을 포함시키게 되기를 바란다.

과거에 그리스도인들은 본능적으로 모든 세대의 중요하고도 긴급한 문제들에 관심을 가졌다.…질병, 무지, 노예 제도의 해악 그리고 다른 형태의 잔인무도함과 착취에 대해서 말이다. 그리스도인들은 과부, 고아, 난민, 죄수, 정신이상자, 굶주린 자들의 이익을 대변해 왔다. 그리고 아주 최근에는 "빈곤을 역사 속으로 보내자"(Make Poverty History)는 운동에 헌신한 이들이 점점 많아지고 있다.

나는 크리스토퍼 라이트의 웅변적인 결론도 그대로 인용하고 싶다.

하나님을 사랑하고 예배한다면서, 또 예수의 제자라고 주장하면서 그분의 소유인 이 땅에 관심이 없는 그리스도인들이 있다는 것이 나는 너무나 불가사의다. 그들은 이 땅이 오용되는 현실에 관심이 없을 뿐 아니라, 낭비와 소비의 생활 방식으로 이 땅의 오용에 동참하고 있다.

"하나님은…우리가 창조 세계를 돌보는 일에 창조주를 향한 우리의 사랑이 반영되도록 하셨다."[9]

"하늘과 모든 하늘의 하늘과 땅과 그 위의 만물은 본래 네 하나님 여호와께 속한 것이로되"(신 10:14).

5장
단순한 삶

급진적인 제자의 다섯째 특징으로, 나는 단순함, 특히 돈과 소유에 대한 전적인 단순함을 제안한다. 우리는 1장에서 물질주의의 도전을 여기에서 다루기로 했다.

1980년 3월, 영국에서는 "단순한 삶에 대한 국제 협의회"(International Consultation on Simple Lifestyle)가 열렸다. 이 회의는 당시 약간의 반향을 불러 일으켰으나, 내가 보기에는 그때나 그 이후로나 충분한 주목을 받지 못했다. 그래서 그 회의를 통해 인생이 바뀐 한 사람을 소개하고 싶다.

단순한 삶

단 램(Dan Lam)은 홍콩의 한 기독교 가정에서 태어나고 자랐다. 아버지는 어릴 때 돌아가셨고, 어머니가 혼자 가정을 꾸려가셨다. 어머니는 훌륭하고 경건한 여인이었다. 가난한 살림에도 어머니는 주일이면 아이들에게 각각 헌금할 돈을 챙겨 주셨다. 단은 자기 몫을 받은 다음 교회에서 살짝 빠져 나와 자전거를 빌려 타고 홍콩 시내를 돌아다니다가, 예배가 끝날 때쯤 나타나서 가족들과 함께 집으로 돌아왔다. 그의 학교 친구는 그를 '불량한 아이'로 회상한다.

십대 시절 그는 병에 걸렸다. 심하게 아파서 거의 죽을 뻔했다. 그때 그는 하나님이 '선하시며, 악의가 없는 분'이라는 결론에 이르렀고 자신의 삶을 주 예수 그리스도께 내어드렸다. 그리고 다시는 뒤를 돌아보지 않았다. 그는 180도 달라졌고 가족들은 놀라고 또한 안도했다!

자립할 나이가 되자, 그는 중공업 분야의 다국적 기업인 벡텔 사(Bechtel Corporation)에 입사했다. 이 회사는 공항, 항만 건설, 재해 복구, 처널(Chunnel, 영국과 프랑스를 잇는 해저 터널)과 샌프란시스코 지역의 고속 통근 철도인 바트(BART) 건설에 참여했다. 물론 직접 이 모든 프로젝트에 관여한 것은 아니지만, 단은 수백 명의 직원을 관리하는 책임자의 자리에 올라 있었다.

1976년 회사의 지침에 따라 그는 가족들과 사우디아라비아로 이주했고, 1978년에는 런던으로 왔다. 내가 단과 그의 아내 그레이스를 만난 것은 그때였다. 이들은 당시 내가 사역하고 있던 랭햄 플레이스의 올소울즈 교회에 출석했고 우리는 같은 소그룹에 속하게 되었다.

단은 가난하고 궁핍한 이들에게 아주 관심이 많았다. 자신은 아주 검소하게 살았지만 가족들과 교회에는 관대했다. 언젠가부터 그는 일에 대한 압박감을 느끼기 시작했다. 그 즈음 단순한 삶에 대한 국제회의가 열렸고 그 모임에서 그는 도전을 받았다. 단은 꾸준하게 소득의 십일조를 내고 있었지만 이제 좀더 검소하게 살아야겠다고 말했다. 그는 인도를 방문했을 때 진짜 가난을 보았고, 선교 기금의 상당 분량이 운영 경비로 지출된다는 사실 또한 알게 되었다. 그는 부를 쌓지 않고 나누기로 결단했다.

1981년 그는 벡텔 사를 사임했다. 다국적 기업에서는 하나님을 섬길 수 없다고 생각해서가 아니다. 예수 그리스도는 삶의 모든 영역에서 주님이시기 때문이다. 그가 사임한 것은 자신이 속한 동남아시아에 대한 특별한 부르심을 느꼈기 때문이다. 미얀마와 몽골을 포함하여 태국, 라오스, 캄보디아가 그 국가들이다. 그는 선교의 토착 원리를 이해하고 그것을 적용했다. 아시아인들을 얻고 선교를 위해 그들을 구비시키려면 같은 아시아인들을 가르치고 훈련시켜야 한다고 그는 굳게 믿었다. 세계 인구의 대다수가 아시아에 살고 있다는 사실이 그에게 동기 부여를 해주었다. 더욱이 아시아 국민들이 아시아인들을 얻는 것이 훨씬 경제적이고 효율적이다. 문화, 언어, 음식이나 여행 제한의 문제가 없기 때문이다.

단은 몽골에서 첫 성경 학교를 시작했다. 또 지금은 프놈펜 성경 학교로 등록되어 있지만, 캄보디아 프놈펜에서 그는 자신의 이름으로 등록된 성경 학교를 처음 열었다. 이런 놀라운 성장에 대해 들을 때 우리 마음에는 기대감이 차오른다. 하지만 그것은 그리 오래 가지 않았다.

단의 리더십이 갑자기 사라져 버렸다. 1994년 3월 22일 그는 치명적인 비행기 사고를 당했다. 그가 러시아 여객기를 타고 가던 중(모스크바에서 홍콩으로 가는 애로플롯 항공 593편), 여객기가 러시아의 산비탈에 부딪혀서 승객 75명과 승무원들이 모두 죽었다. 사고는 한 조종사의 아들이 조종석에서 장난을 치다가 일어난 것이었다.

남겨진 아내 그레이스와 두 아이(웨이웨이와 저스틴)는 물론 엄청난 충격에 휩싸였다. 하지만 주님의 사역은 계속되었다.

하나님의 섭리로, 단의 누나 위니와 남편 요셉이 그의 자리를 잇게 되었다. 이들은 단이 일하던 선교지들에 가 보기도 했고, 단과 동역하던 아시아 지도자들을 개인적으로 알고 있었다. 그리고 단이 설립한 두 재단이 있었다. 하나는 자신의 사재로 시작한 개인적인 것이었고, 다른 하나는 '컨트리 네트워크'라는 이름의 공공 자선 단체였다. 그가 개척한 특별한 사역은 이 두 재단을 통하여 계속될 수 있었다.

단의 유산은 그가 만난 아시아 신자들 속에 영원히 남아 있을 것이다. 아시아인들이 그를 받아들일 수 있었던 것은 그의 검소한 삶 때문이었다. 그레이스는 내게 보내는 편지에서 "단순한 삶 세미나가 우리 둘을 바꾸어 놓았습니다"라고 썼다.

이제 나는 단순한 삶에 대한 협의회로 돌아와서, 단에게 그렇게 깊은 영향을 미친 "단순한 삶에 대한 복음주의의 언약"에 대해 이야기하려 한다. 그것은 다음과 같다.

단순한 삶에 대한 복음주의의 언약

서론

'생명'(life)과 '삶'(lifestyle)은 분명 서로 연결된 단어이며 따로 뗄 수 없다. 모든 그리스도인은 예수 그리스도를 통해 새로운 생명을 얻었다고 주장한다. 그렇다면 어떤 삶이 그들에게 적합한가? 그 생명이 새로운 것이라면, 삶 또한 새로워야 한다. 하지만 그것은 어떤 성격의 삶이어야 하는가? 특별히 그리스도인이 아닌 이들의 삶과는 어떤 차이가 있어야 하는가? 그리고 이러한 삶은, 하나님으로부터 소외되고 모두가 누리도록 그분이 창조하신 이 땅의 자원들로부터 소외된 현대 세계가 직면한 여러 도전들을 어떻게 반영해야 하는가?

세계복음화를 위한 로잔대회(1974)의 참석자들이 언약의 아홉째 문단에 다음 문장들을 포함시키기로 한 것은, 바로 이런 질문들 때문이었다.

> 우리 모두는 수백만에 달하는 빈곤 인구들로 인해 충격을 받았으며, 그 가난을 일으킨 불의로 인해 혼란스럽다. 부유한 환경에서 사는 우리는 구제와 복음 전도에 더욱 기여하기 위해 단순한 삶을 살아야 할 의무가 있음을 받아들인다.

이 표현을 두고 논의를 거듭하면서, 이 문장이 함의하는 바에

> 모든 그리스도인은 예수 그리스도를 통해 새로운 생명을 얻었다고 주장한다. 그렇다면 어떤 삶이 그들에게 적합한가?

대해 더 면밀하게 검토해야 함을 분명히 알게 되었다.

그래서 세계복음화를 위한 로잔위원회의 신학 및 교육분과와 세계복음주의연맹 신학위원회의 윤리 및 사회분과는, 국제적인 모임으로 마무리하는 2년의 연구를 공동 후원하는 데 합의했다. 국가별 모임은 15개국에서 이루어졌다. 지역별 회의는 인도, 아일랜드, 미국에서 있었다. 그 후 1980년 3월 영국 런던 근교의 하이레이 컨퍼런스 센터에서 국제회의가 소집되었다. 27개국에서 85명의 복음주의 지도자들이 모였다.

우리의 목표는 복음 전도와 구제와 정의를 염두에 두고 단순한 삶에 대해 연구하는 것이었다. 이 세 가지가 단순한 삶에 대한 로잔 언약의 문장에 언급되어 있기 때문이다. 우리가 바라본 것은 한편으로는 성경의 가르침이었고, 다른 한편으로는 고통당하는 세상이었다. 즉, 하나님의 형상으로 지음받아 그분의 사랑을 받아야 할 존재임에도 불구하고, 복음을 듣지 못했거나 억압받고 있는 이들, 혹은 구원의 복음도 없고 인간적인 삶을 위한 기본 생필품도 없는 수십 억의 남녀와 어린이들이다.

4일간의 회의 기간 동안 우리는 함께 지내며 예배하고, 기도하고, 성경을 연구했다. 기초 자료(나중에 책으로 출판되었다)에 귀를 기울이고 몇몇 감동적인 증언들도 들었다. 우리는 전체 집회와 소그룹에서 토론을 하면서, 신학적 이슈와 경제적 이슈를 연결지으려고 노력했다. 우리는 함께 웃고, 울고, 회개하고, 결단했다. 처음에는 서구의 대표자들과 다수 세계의 대표자들 사이에 약간의 긴장이 느껴졌지만, 회의가 끝날 무렵에는 하나 되게 하시는 성령이 서로 존중하고 사랑하는 새로운 유대감을 갖게 하셨다.

무엇보다도 우리는 하나님의 말씀과 궁핍한 세상이 주는 도전 둘 다에 정직해지려고 노력했다. 하나님의 뜻을 분별하고 그렇게 하기 위해 그분의 은혜를 구하고자 했다. 이러한 과정에서 우리 지성은 한껏 발휘되었고, 우리 양심은 찔림을 받았고, 우리 마음은 동요되었고, 우리 의지는 강력해졌다.

수년 동안 이 주제에 대해 고민해 온 이들이 있다는 것을 알고 있으며, 우리가 그들보다 뒤처져 있음이 부끄럽다. 따라서 우리 모임이나 언약에 대해 지나친 주장을 할 생각은 없다. 우리는 자랑할 어떤 근거도 없다. 하지만 그 주간은 역사적으로 중요한 시간이었고 우리를 변화시킨 시간이었다. 그러므로 개인이나 그룹이나 교회에서 연구할 수 있도록 이 선언문을 보내면서, 수많은 그리스도인들이 결단하고 헌신하고 행동하기를 간절히 소망하고 기도한다.

존 스토트	로날드 사이더
세계복음화를 위한 로잔위원회	세계복음주의연맹 신학위원회
신학 및 교육분과 실무 그룹 의장	윤리 및 사회분과 의장

1980년 10월

전문(前文)

우리는 로잔 언약(1974)에 표현된 바 "단순한 삶을 살아야 한다"는 결의에 대해 숙고하기 위해 4일 동안 함께했다. 우리는 성경 말씀을 통하여, 굶주리고 가난한 이들의 외침을 통하여 그리고 서로를 통하여 하나님의 음성에 귀 기울이려고 노력했다. 그리고 우리는 하나님이 우리에게 말씀하셨다고 믿는다.

우리는 예수 그리스도를 통하여 베푸신 하나님의 놀라운 구원을 인하여, 우리 길에 빛이 되는 성경을 통한 그분의 계시를 인하여, 그리고 우리를 세상의 증인과 종으로 삼으시는 성령의 능력을 인하여 하나님께 감사한다.

그러나 우리는 세상의 불의로 인해 혼란스럽고, 그 불의의 희생자들에게 마음이 쓰인다. 그리고 우리가 그 일에 공모한 것에 대해 회개하게 되었다. 또한 우리는 새로운 결단을 하게 되었고, 그것을 이 언약에 표현하였다.

1. 창조 세계

우리는 만물의 창조주이신 하나님을 예배하고, 그 창조 세계의 선함을 기뻐한다. 그분은 우리에게 모든 것을 후히 주셔서 누리게 하셨고, 우리는 그분이 주신 것을 겸손하게 감사하며 받는다 (딤전 4:4; 6:17). 하나님의 창조 세계는 아주 풍요롭고 다양하다. 이 창조 세계를 향한 그분의 뜻은, 자원들이 잘 관리되어 모든 사람이 누리도록 분배되는 것이다.

따라서 우리는 환경 파괴와 자원 낭비와 자원의 비축을 반대한다. 우리는 이러한 죄악의 결과로 고통당하고 있는 가난한 이들의 불행을 개탄한다. 우리는 또한 금욕주의자들의 칙칙한 삶에도 동의하지 않는다. 이 모든 것이 창조주의 선하심을 부정하는 것이며, 이에는 타락의 비극이 반영되어 있기 때문이다. 우리는 우리 역시 이런 일에 참여했음을 깨닫고 이에 대해 회개한다.

2. 청지기직

하나님은 자신의 형상대로 사람을 남자와 여자로 창조하시고, 이들에게 이 땅에 대한 통치권을 주셨다(창 1:26-27). 그들을 이 땅의 자원을 관리하는 청지기로 삼으셨다. 그러므로 그들은 창조주이신 그분에 대해, 그들이 개발해야 하는 땅에 대해, 그리고 이 땅의 풍요함을 함께 나누는 동료 인간들에 대해 책임을 지게 되었다. 이것이 기본적인 진리이므로, 인간이 진정으로 자신의 과업을 성취하기 위해서는, 하나님, 이웃 그리고 땅의 자원들을 포함한 이 땅과 올바른 관계를 맺어야 한다. 그들이 자원을 공정하게 분배하지 않으면 사람들의 인간됨은 손상을 입는다.

이 땅의 유한한 자원을 아껴 쓰지 못하고, 그 자원을 충분히 개발하지도 못하고, 그것을 공정하게 분배하지도 못함으로써 청지기직을 신실하게 수행하지 못한다면, 그것은 하나님께 불순종하는 것이며, 그들을 향한 그분의 뜻에서 사람들을 멀어지게 하는 일이다. 그러므로 우리는 만물의 주인 되시는 하나님을 영화롭게 하기로, 우리는 청지기이지 우리가 지닌 땅이나 재산의 소유자가 아님을 기억하기로, 그것들을 다른 사람을 섬기는 데 사용하기로, 또 착취당하는 가난한 이들과 자신을 지키지 못하는 힘없는 이들의 정의를 추구하기로 결단한다.

우리는 그리스도의 재림 때 이루어질 "만물의 회복"을 기다린다(행 3:21). 그때 우리의 온전한 인간됨이 회복될 것이므로, 우리는 오늘 인간의 존엄성을 높여야 한다.

3. 가난과 부

우리는 비자발적 가난은 하나님의 선하심에 위배되는 것이라고 단언한다. 성경은 이를 무력함과 연관짓는다. 가난한 이들은 자신을 보호할 수 없기 때문이다. 하나님이 통치자들에게 요청하시는 것은, 권력으로 가난한 자들을 착취하지 말고 그들을 보호하라는 것이다. 교회는 불의에 맞서 하나님과 가난한 자들 편에 서서 그들과 함께 고통당하면서, 통치자들을 향해 하나님이 정하신 역할을 수행하라고 요구해야 한다.

우리는 부에 대한 예수님의 불편한 말씀에 머리와 가슴을 열기 위해 노력했다. 그분은 "삼가 모든 탐심을 물리치라. 사람의 생명이 그 소유의 넉넉한 데 있지 아니하니라"라고 말씀하셨다(눅 12:15). 우리는 부의 위험에 대한 그분의 경고에 귀를 기울였다. 부는 걱정, 허영, 거짓 안전감을 가져오며, 약한 자를 억압하고 궁핍한 자들의 고통에 무관심하게 하기 때문이다. 그래서 부자가 하나님 나라에 들어가기가 어렵고(마 19:23), 탐심은 그 나라에서 제해야 할 것이다. 하나님 나라는 모두에게 값없이 주시는 선물이지만 특별히 가난한 이들에게 좋은 소식인 것은, 그들이야말로 그 나라가 가져오는 변화를 통해 가장 큰 유익을 얻기 때문이다.

우리는 예수님이 여전히 어떤 사람들에게는(아마 우리까지도) 전적인 자발적 가난의 삶을 살면서 그분을 따르라고 부르신다고 믿는다. 그분은 그분을 따르는 모든 이에게 부의 유혹에서 벗어나 내적인 자유를 누리고(하나님과 돈을 겸하여 섬기는 것은 불가능하기 때문에), 희생적인 나눔의 삶을 살라고 부르신다("선을 행하고 선한 사업을 많이 하고 나누어 주기를 좋아하며 너그러운 자가 되게 하라", 딤전 6:18). 실로 그리스도인의 너그러움을 말할 때 그 동기이자 본이 되시는 분은 바로, 부요하심에도 불구하고 가난하게 되사 자신의 가난으로 우리를 부요하게 하신 예수 그리스도 자신이시다(고후 8:9). 그것은 대가가 필요한 일이었고, 의도적인 자기 희생이었다. 그렇기에 우리가 그분을 따르기 위해서는 그분의 은혜를 구해야 한다. 우리는 가난하고 억압받는 사람들에 대해 알아 가고, 그들로부터 불의의 문제에 대해 배우며, 그들의 고통을 덜어 주기 위해 노력하고, 정기적으로 그들을 위해 기도하기로 결단한다.

4. 새로운 공동체

우리는 교회가 새로운 시대의 새로운 공동체이며, 그 구성원은 새로운 생명과 새로운 삶을 누리고 있다는 사실이 너무 기쁘다. 오순절에 예루살렘에서 처음 시작된 기독 교회의 특징은 이전에는 없었던 교제를 나눈 것이었다. 성령 충만했던 그곳의 신자들은 자기 소유를 팔아서 공유할 정도로 서로를 사랑했다. 그렇게 팔고 나누는 일은 자발적으로 이루어졌고 약간의 사유 재산은 가졌지만(행 5:4), 공동체의 필요가 더 중요한 것이었다. "자기 재물을 조금이라도 자기 것이라고 하는 이가 하나도 없었다"(행 4:32). 다시 말해 그들은 소유권에 대해 이기적인 주장을 하지 않았다. 그리고 그렇게 경제적인 관계가 완전히 바뀐 결과 "그중에 가난한 사람이 없었다"(행 4:34).

궁핍한 이들이 우리 재산을 사용할 수 있게 하는 것으로 표현되는 너그럽고 희생적인 나눔의 원리는, 성령 충만한 모든 교회에 없어서는 안 될 특징이다. 그러므로 세계의 어느 지역에 있든 부유한 우리는 어려운 신자들의 궁핍을 덜어 주기 위한 일을 더 많이 하기로 결단한다. 그렇게 하지 않는다면 우리는 가난한 형제 자매가 굶주리고 있는데도 너무 많이 먹고 마신 고린도의 부유한 그리스도인처럼 될 것이다. 그들을 향한 바울의 비난, 곧 하나님의 교회를 업신여기고 그리스도의 몸을 더럽혔다는 신랄한 비난을 받아 마땅할 것이다(고전 11:20-27). 오히려 우리는 나중에 그들이 보여 준 모습, 곧 바울이 그들의 넉넉한 것을 가난한 유대 그리스도인들에게 나누어 주어 "균등하게 하라고"(고후 8:10-15) 권했을 때 그들이 보여 준 모습을 본받기로 결단한다. 그들은 배려하는 사랑과 그리스도 안에서 이방인-유대인의 하나됨을 아름답게 보여 주었다.

이와 같은 마음으로, 우리는 여행, 음식, 주거 비용을 최소한으로 하면서 교회의 공동 사업을 함께 추진할 방법들을 찾아야 한다. 우리는 교회와 선교단체들이 계획을 세울 때 삶과 증거가 통합되어야 할 필요를 민감하게 인식하기를 바란다.

그리스도께서는 우리를 부르셔서 세상의 소금과 빛이 되어, 사회의 부패를 막고 어두움을 밝히라고 하셨다. 우리의 빛은 빛나야 하고 우리의 소금은 그 짠 맛을 지녀야 한다. 새로운 공동체가 그 가치관과 기준과 삶에서 세상과 가장 분명하게 구별되는 때에라야, 그 공동체는 이 세상에서 근본적으로 매력적인 대안이 되고 그리스도를 위해 최고의 영향력을 발휘할 것이다. 우리는 교회들의 갱신을 위해 기도하고 일하기로 약속한다.

5. 개인적인 삶의 모습

우리 주 예수님은 우리를 거룩하고, 겸손하고, 단순하고, 자족하는 삶으로 부르신다. 그분은 또한 우리에게 그분의 쉼을 약속하신다. 그러나 우리는 종종 우리의 내적 평온을 방해하는 거룩하지 못한 욕망을 허용한다는 사실을 고백할 수밖에 없다. 그러기에 우리 마음에 그리스도의 평화가 끊임없이 새로워지지 못한다면, 단순한 삶에 대한 우리의 강조는 한쪽으로 치우친 것이 되고 말 것이다.

순종하는 그리스도인은 다른 사람의 필요와 관계없이 단순한 삶을 살아야 한다. 그렇긴 하지만, 8억 명이 극빈층이고 매일 약 1만 명이 기아로 죽는 상황에서 다른 삶의 방식을 갖는다는 것은 있을 수 없는 일이다.

우리 중 일부는 가난한 자들 가운데서 살라는 부르심을 받고 또 어떤 이들은 궁핍한 이들에게 집을 개방하라는 부르심을 받지만, 우리는 모두 더 단순한 삶을 살아야 할 것이다. 우리는 좀더 적은 돈으로 살고 좀더 많이 나누기 위해 우리의 수입과 지출을 재점검하려 한다. 우리는 자신이나 다른 사람을 위한 어떤 규칙이나 규정 같은 것은 두지 않을 것이다. 하지만 우리는 낭비하지 않고, 개인적인 의식주와 여행과 교회 건축을 위해 사치하지 않기로 결단한다. 우리는 또한 필수품과 사치품, 창조적인 취미와 무의미한 신분의 상징들, 겸손과 허영, 특별할 때만 하는 축하 행사와 일상적인 이벤트, 하나님을 섬기는 것과 유행의 종이 되는 것이 구별됨을 인정한다. 어느 정도를 한도로 정하느냐 하는 것은, 가족 구성원들과 함께 양심적으로 생각하고 결정해야 한다. 서구에 사는 사람은 자신의 소비 기준을 평가할 때 다수 세계 형제자매들의 도움을 받아야 한다. 다수 세계에 사는 사람은 자신 역시 탐심의 유혹에 노출되어 있음을 인정한다. 우리는 서로의 지식과 격려와 기도가 필요하다.

6. 국제적인 개발

우리는 로잔 언약의 문구를 다시 상기한다. "우리 모두는 수백만에 달하는 빈곤 인구들로 인해 충격을 받았으며, 그 가난을 일으킨 불의로 인해 혼란스럽다." 세계 인구의 1/4은 비할 데 없는 번영을 누리고 있는 반면, 또 다른 1/4은 끔찍한 가난을 견디고 있다. 이러한 엄청난 차이는 참을 수 없는 불의이기에 우리는 그것을 묵인하지 않으려 한다. 새로운 국제 경제 질서를 향한 요청은 다수 세계의 좌절이 이유 있는 것임을 보여 준다.

우리는 자원, 소득, 소비의 관계에 대해 좀더 명확하게 알게 되었다. 사람들이 굶어 죽는 것은, 식료품을 구입할 형편이 되지 않기 때문이고, 소득이 없기 때문이고, 생산할 기회를 얻지 못했기 때문이고, 권력에 접근할 수 없기 때문이다. 그러므로 우리는 기독교 단체들이 원조보다 개발을 점점 더 강조하는 것에 찬성하며 기뻐한다. 인력과 적절한 기술을 전수해 줌으로써 사람들은 자신의 자원을 잘 사용하는 동시에 자신의 존엄성을 지킬 수 있기 때문이다. 우리는 인간 개발 계획(human development project)에 더 관대하게 기부하기로 결단한다. 사람들의 삶이 위기에 처해 있는 곳에 결코 기금이 부족해서는 안 된다.

하지만 정부의 활동도 꼭 필요하다. 부유한 나라에 살고 있는 우리는 우리 정부들이 대부분 국가 개발 원조 목표를 달성하지 못하고, 비상 식량 재고를 유지하지 못하며, 무역 규제를 완화하지 않는 것이 부끄럽다.

우리는 많은 경우 다국적 기업들은 그들이 가서 일하는 나라들의 자주권을 약화시키고 정부의 근본적인 변화를 반대하는 경향이 있다고 믿게 되었다. 우리는 그들이 좀더 통제를 받아야 하고 더 책임 있게 행동해야 한다고 확신한다.

7. 정의와 정치

우리는 또한 오늘날의 사회적 불의는 하나님이 혐오하시는 것이기에 상당한 변화가 필요하다고 확신한다. 우리가 지상 낙원을 믿어서가 아니다. 하지만 우리는 염세주의자도 아니다. 단순하게 살겠다는 결단이나 인간 개발 계획이 아니더라도 변화는 일어날 수 있다.

가난과 지나친 부, 군국주의와 무기 산업, 자본과 땅과 자원의 불공평한 분배는 권력이 있느냐 없느냐의 문제다. 구조적인 변화를 통한 권력의 이동 없이 이런 문제들을 해결할 수는 없다.

기독 교회는 사회에 속한 다른 사람들과 함께, 정치에 참여할 수밖에 없다. 이것이 '공동체 속 삶의 원리'다. 그리스도의 종들은 정치적·사회적·경제적 책임을 다함으로써 그분의 주되심을 드러내야 하며 정치적인 과정에 참여함으로써 이웃에 대한 사랑을 표현해야 한다. 그렇다면 어떻게 변화에 기여할 수 있을까?

첫째, 우리는 하나님이 명령하신 대로 평화와 정의를 위해 기도할 것이다. 둘째, 우리는 중요한 도덕적·정치적 이슈들에 대해 그리스도인들을 교육하여 그들이 분명한 시각을 가지고 기대를 높일 수 있도록 노력할 것이다. 셋째, 우리는 행동할 것이다. 일부 그리스도인들은 정부나 경제 분야나 개발과 관련한 특별한 직책으로 부르심을 받는다. 그러나 모든 그리스도인이 정의롭고 책임 있는 사회를 만들기 위해 적극적으로 노력해야 한다. 어떤 상황에서는 하나님께 순종하기 위해 불의한 제도 질서에 저항해야 할 수도 있다. 넷째, 우리는 고난받을 준비가 되어 있어야 한다. 고난받는 종 예수를 따르는 우리는 섬김은 언제나 고난을 수반하는 것임을 알고 있다.

불의한 제도를 바꾸려는 정치적인 행동은 하지 않고 삶을 바꾸는 개인적인 헌신만 한다면 그것은 효율적이지 않다. 또 개인적인 헌신 없이 정치적인 행동만 한다면 그것은 온전하지 않다.

8. 복음 전도

우리는 복음화되지 않은 수백만의 사람에게 깊은 관심을 갖고 있다. 삶의 방식이나 정의에 대한 어떤 이야기도, 다양한 문화적 상황에 적절한 복음 전도 전략을 개발해야 할 긴급성을 축소시키지 못한다. 우리는 세상 전역에 그리스도를 구세주와 주로 선포하는 일을 멈춰서는 안 된다. 그러나 교회는 "땅 끝까지 이르러" 그분의 증인이 되라는 명령을 진지하게 받아들이지 않고 있다 (행 1:8).

책임 있는 삶을 살라는 부르심은 책임 있는 증인이 되라는 부르심과 분리되어서는 안 된다. 메시지와 삶이 모순될 때 우리 메시

> 그리스도인들이 서로를 그리고 궁핍한 이들을 돌볼 때, 예수 그리스도는 더 매력적인 분으로 보일 것이다.

지의 신뢰성은 현저하게 떨어질 것이다. 그분이 우리를 탐욕에서 구원하지 못하신다면 그리스도의 구원에 대한 선포는 온전할 수 없고, 우리가 우리 소유의 선한 청지기가 되지 못한다면 그분의 주되심에 대한 선포도 온전할 수 없으며, 우리가 궁핍한 이들에 대해 마음을 닫는다면 그분의 사랑에 대한 선포도 온전할 수 없다. 그리스도인들이 서로를 그리고 궁핍한 이들을 돌볼 때, 예수 그리스도는 더 매력적인 분으로 보일 것이다.

그런데 이와는 반대로, 일부 서구의 복음 전도자들이 다수 세계에 가서 부유한 생활 방식을 보인다면, 이것이 많은 이들에게 거슬리는 것은 당연한 일이다.

우리는 그리스도인이 검소하게 살면, 개발은 물론 복음 전도를 위해 엄청난 자원과 재정과 인력을 제공할 수 있으리라 믿는다. 따라서 우리는 단순한 삶에 헌신함으로써 세계 복음화에 전심으로 재헌신한다.

9. 주님의 재림

구약의 예언자들은 하나님의 백성의 불의와 우상숭배 둘 다를 맹렬하게 비난하며 다가올 그분의 심판을 경고했다. 신약에도 동일한 비난과 경고가 나온다. 주 예수님은 심판하시고 구원하시고

통치하시기 위해 곧 다시 오실 것이다. 그분의 심판은 탐욕스러운 자(우상숭배자)와 모든 억압자에게 임할 것이다. 그날에 그 왕은 보좌에 앉으셔서 구원받은 자와 버림받은 자를 나누실 것이다. 궁핍한 형제자매, 지극히 작은 자 하나를 섬김으로써 그분을 섬긴 이들은 구원을 받을 것이다. 구원받는 믿음은 섬기는 사랑으로 드러나기 때문이다. 하지만 궁핍한 이들의 곤경에 늘 무관심한 이들은 그들 가운데 거하시는 그리스도에게도 무관심한 것이므로 영원히 버림을 받을 것이다(마 25:31-46). 우리는 모두 예수님의 이 준엄한 경고를 다시 듣고, 궁핍한 이들 가운데 거하시는 그분을 섬기기로 새롭게 다짐해야 한다. 따라서 우리는 각 지역에 있는 동료 그리스도인들에게도 그렇게 하기를 요청한다.

우리의 다짐

그러므로 우리 주 예수 그리스도의 희생으로 자유를 얻은 우리는, 그분의 부르심에 순종하여, 가난한 이들을 향한 진심어린 긍휼함으로, 복음 전도와 개발과 정의에 대한 관심으로, 그리고 심판 날에 대한 엄숙한 기대감으로, 정의롭고 단순하게 살며, 그럼으로써 서로를 후원하고, 다른 사람들도 우리와 같은 헌신을 하도록 권하는 일에 겸손하게 헌신한다.

우리는 그것이 의미하는 바를 이루는 데는 시간이 필요하고 그 과제는 쉽지 않을 것임을 안다. 우리가 신실할 수 있도록 전능하신 하나님이 은혜를 주시기를! 아멘.

• • •

"단순한 삶에 대한 복음주의의 언약"(*Evangelical Commitment to Simple Lifestyle*)은 긴 문서다. 여기서 중요한 요점을 요약하고자 한다.

1. **새로운 공동체**: 우리는 교회가 하나님의 새로운 공동체가 되어, 새로운 가치관과 새로운 기준과 새로운 삶의 모습을 드러내도록 의도된 것임을 기뻐한다.
2. **개인의 삶**: 우리는 어떤 규칙이나 규정도 두지 않을 것이다. 하지만 매일 약 1만 명이 굶어 죽는다는 사실에 비추어 단순한 삶을 살기로 결단한다.
3. **국제적인 개발**: 우리는 수백만의 가난한 이들로 인해 충격을 받는다. 우리는 인간 개발 계획에 더 관대하게 기부하기로 결단한다. 하지만 정부의 활동도 꼭 필요하다.
4. **정의와 정치**: 우리는 현재의 사회적으로 불의한 상황을 하나님이 혐오하시리라 믿으며, 변화가 올 수 있으며 와야 한다고 믿는다.
5. **복음 전도**: 우리는 복음화되지 않은 수백만의 사람에게 깊은 관심을 갖고 있다. 단순하게 살라는 부르심은 책임 있는 증인이 되라는 부르심과 분리되어서는 안 된다.
6. **주님의 재림**: 우리는 예수님이 재림하실 때, 가장 작은 자를

섬김으로써 그분을 섬긴 이들은 구원을 받으리라 믿는다. 구원받는 믿음은 섬기는 사랑으로 드러나기 때문이다.

6장
균형

짧은 기간 에드워드 8세로 재임했던 고(故) 윈저 공은 1972년 5월 파리에서 세상을 떠났다. 그날 밤 영국 텔레비전에서는 아주 흥미로운 다큐멘터리가 방영되었다. 그의 성장 과정, 짧은 통치, 퇴임 등 사람들이 궁금해하던 예전 영상들도 볼 수 있었다.

그는 자신의 소년 시절을 돌아보면서 이렇게 말했다. "아버지[조지 5세]는 엄한 규율주의자였습니다. 제가 무슨 잘못이라도 하면 아버지는 '사랑하는 아들아, 네가 누구인지를 항상 기억해야 한다'라고 말씀하시며 꾸짖으셨습니다." 자신이 왕위에 오를 황태자라는 사실을 늘 기억하는 사람은, 그에 맞게 처신하며 잘못된 행동은 하지 않는다는 것이다.

그렇다면 우리는 누구인가? 그것이 문제다. 나는 신약 성경 중에서 베드로전서 2:1-17이야말로 제자가 된다는 것이 무슨 의미인지를 가장 다양하고 균형 있게 설명하는 본문이라고 생각한다.

그러므로 모든 악독과 모든 기만과 외식과 시기와 모든 비방하는 말을 버리고 갓난아기들같이 순전하고 신령한 젖을 사모하라. 이는 그로 말미암아 너희로 구원에 이르도록 자라게 하려 함이라. 너희가 주의 인자하심을 맛보았으면 그리 하라.

사람에게는 버린 바가 되었으나 하나님께는 택하심을 입은 보배로운 산 돌이신 예수께 나아가 너희도 산 돌같이 신령한 집으로 세워지고 예수 그리스도로 말미암아 하나님이 기쁘게 받으실 신령한 제사를 드릴 거룩한 제사장이 될지니라. 성경에 기록되었으되

> 보라 내가 택한 보배로운 모퉁잇돌을
> 　시온에 두노니
> 그를 믿는 자는
> 　부끄러움을 당하지 아니하리라.

하였으니 그러므로 믿는 너희에게는 보배이나 믿지 아니하는 자에게는

> 건축자들이 버린 그 돌이
> 　모퉁이의 머릿돌이 되고

또한

> 부딪치는 돌과
> 　걸려 넘어지게 하는 바위가 되었다.

하였느니라. 그들이 말씀을 순종하지 아니하므로 넘어지나니 이는 그들을 이렇게 정하신 것이라. 그러나 너희는 택하신 족속이요 왕 같은 제사장들이요 거룩한 나

라요 그의 소유가 된 백성이니 이는 너희를 어두운 데서 불러내어 그의 기이한 빛에 들어가게 하신 이의 아름다운 덕을 선포하게 하려 하심이라. 너희가 전에는 백성이 아니더니 이제는 하나님의 백성이요 전에는 긍휼을 얻지 못하였더니 이제는 긍휼을 얻은 자니라.

사랑하는 자들아 거류민과 나그네 같은 너희를 권하노니 영혼을 거슬러 싸우는 육체의 정욕을 제어하라. 너희가 이방인 중에서 행실을 선하게 가져 너희를 악행한다고 비방하는 자들로 하여금 너희 선한 일을 보고 오시는 날에 하나님께 영광을 돌리게 하려 함이라.

인간의 모든 제도를 주를 위하여 순종하되 혹은 위에 있는 왕이나 혹은 그가 악행하는 자를 징벌하고 선행하는 자를 포상하기 위하여 보낸 총독에게 하라. 곧 선행으로 어리석은 사람들의 무식한 말을 막으시는 것이라. 너희는 자유가 있으나 그 자유로 악을 가리는 데 쓰지 말고 오직 하나님의 종과 같이 하라. 뭇 사람을 공경하며 형제를 사랑하며 하나님을 두려워하며 왕을 존대하라.

사도는 일련의 다양한 은유들을 통하여 우리가 누구인지를 설명한다. 각각의 은유에는 그에 해당하는 의무가 따른다. 베드로에 따르면 이것들이 함께 모여 기독교라는 것이 된다.

아기

베드로가 편지의 수신자들을 **갓난아기**에 비유한 이유는 그들이 다시 태어났기 때문이다(벧전 1:23). 그렇다면 거듭남이란 무엇인가? 이것을 우리가 교회의 구성원으로서 세례를 받을 때 일어나는 일로 보는 것은 옳지 않다. 세례가 거듭남에 대한 예식임은 분명하다. 다시 말해 그것은 거듭남을 외적으로 그리고 가시적으로 보여 주는 예식이다. 하지만 상징과 실재를 혼동해서는 안 된다. 혹은 기호와 그 기호가 나타내는 대상을 혼동해서는 안 된다.

그렇다. 거듭남이란 사람의 인격에 성령이 가져다주시는 깊은 내면의 근본적인 변화다. 이를 통해 우리는 새로운 마음과 새로운 생명을 얻고 새로운 피조물이 된다. 더욱이 예수님이 니고데모와의 대화에서 주장하셨듯이 이는 꼭 필요하다. 그분은 "[네가] 거듭나야 하겠다"(요 3:7)라고 말씀하셨다.

여기서 요점은, 우리가 성숙한 그리스도인의 성품과 지식을 통해서 거듭난 존재가 되지 않는다는 것이다. 천사의 날개(!)가 다 자라면 되는 것은 더더욱 아니다. 오히려 "갓난아기들같이", 약하고 미성숙하고 연약하며 무엇보다 성장이 필요한 갓난아기들처럼 다시 태어난다. 그러므로 신약 성경은 우리가 지식과 거룩과 믿음과 사랑과 소망에서 자라나야 한다고 말한다. 그래서 베드로는 수신자들이 구원에 이르도록 '자라야' 한다고 쓰고 있다(2절). 이와 함께 기억할 진리는 그들이 "모든 악독과 모든 기만과 외식과 시기와 모든 비방하는 말을"(1절) 버려야 한다는 것이다. (그가 암시하는 바에 따르면) 이런 것은 아기 같은 일이기 때문이다. 우리는 그런 일들을 벗어 버리고 그리스도를 닮은 모습으로 자라나야 한다.

그런데 우리는 어떻게 자라는가? 갓난아기의 이미지를 염두에 두고 베드로가 2절에서 언급한 "순전하고 신령한 젖"이라는 말에 주목해 보자. "갓난아기들같이 순전하고 신령한 젖을 사모하라. 이는 그로 말미암아 너희로 구원에 이르도록 자라게 하려 함이라."

다시 말해, 아이가 건강하게 자라는 비결이 적절한 식사를 규칙적으로 하는 것이듯, 매일 먹는 훈련은 영적 성장의 주요한 조건이다.

우리가 성숙한 그리스도인으로 자라고자 한다면 어떤 젖을 먹어야 하는가? 그것은 "순전하고 신령한 젖"이다. 이에 해당하는 헬라어 형용사는 '로기코스'(logikos)다. 이는 우유에 반대되는 '형이상학적인' 것, 혹은 몸으로 보자면 지성을 위한 '이성의' 음식, 혹은 1:23에서처럼 '하나님의 말씀'을 의미할 수 있었다. 엄마의 젖이 아기의 성장에 필수적인 것처럼, 분명 하나님의 말씀은 우리의 영적 성장에 없어서는 안 된다. 베드로는 "너희가 주의 인자하심을 맛보았으면 그리 하라[사모하라]"(3절)고 권한다. 셀윈(E. G. Selwyn)은 자신의 주석에서[1] 베드로는 "젖을 빠는 아이의 열심"을 생각하고 있다고 제안한다. 맛을 보았다면 이제 갈증을 느낄 것이라고 말하고 있는 듯하다.

그리스도인의 삶에는 매일의 훈련이 절실하게 필요하다. 제2차 세계대전 중에 캔터베리의 대주교 윌리엄 템플은 청년 회중에게 이렇게 말했다.

그리스도인 청년들은 무엇보다도 그리스도 그분께 충성해야 합니다. 그 무엇도 매일 주님과 친밀한 사귐을 갖는 그 시간을 차지할 수 없습니다.…어떻게든 그 시간을 확보하고 견고하게 지키십시오.

돌

베드로가 제시하는 두 번째 이미지는 **산 돌**(4-8절)이다. 그는 생물학의 세계(출생과 성장)에서 건축의 세계(돌과 건물)로 방향을 바꾼다. 지금까지 우리는 젖을 먹고 싶어 하는 갓난아기를 바라보며 산부인과 병동에 있었지만, 이제 밖으로 나와 건축 중인 건물을 바라본다. 그것은 돌로 된 건물이며, 우리는 그것이 교회임을 쉽게 알 수 있다. 물론 그것은 오늘날 우리가 알고 있는 교회 건물 같은 것이 아니라 살아 계신 하나님의 교회, 하나님의 백성이다. 그 건물을 이루는 돌들은 백성이므로, 베드로는 그것들을 '산 돌'이라 부른다.

잠시 멈춰서, 세계 전역에서 하나님이 그분의 교회를 세우고 계시다는 사실을 기뻐하자. (오래된 것이든 새로운 것이든) 다른 신앙들이 다시 일어나고, 세속주의가 서구 교회로 침투해 들어오며, 적대적인 단체들과 정부가 교회를 핍박하고 매장시키려 하지만 교회는 계속해서 성장하고 있다.

사실 그 무엇도 하나님의 교회를 무너뜨릴 수 없다. 예수님은 "음부의 권세가 이기지 못하리라"(마 16:18)라고 약속하셨다. 다시 말해 교회는 영원할 것이다. 교회는 무너질 수 없다. 언젠가 머릿돌이 놓이고 건축이 완성될 때까지, 돌들은 차곡차곡 쌓여 건물이 세워져 갈 것이다.

그렇다면 우리는 어떻게 교회에 속하게 되는가? 우리는 세례를 통하여 가시적이고 외적인 교회에 속한다. 그러나 우리는 어떻게 하나님의 백성의 구성원이 되는가? 4절을 보라. "사람에게는 버린 바가 되었으나" 하나님이 보시기에는 "보배로운" "예수께 나아가", 즉 산 돌이신 예수 그리스도께로 나아가 신령한 집으로 세워져야 한다. 6-8절에서 베드로는 바위와 돌에 관한 일련의 구약 본문들(예레미야서와 시편에서)을 한데 모은다. 중요한 것은 그러고 난 다음 그가 그것을 자신이 아니라 그리스도에게 적용시키고 있다는 점이다. 우리가 그 위에 우리 삶을 세우는 바위는 베드로가 아니기 때문이다. 그리스도야말로 이스라엘이 거부했지만 하나님이 택하셔서 보배롭게 여기신 산 돌이시다.

이 모든 것이 함의하는 바는 무엇인가? 그것은 분명 우리가 서로에게 속해 있다는 것이다. 아기들이 자라기 위해서 젖이 필요하다면, 돌을 서로 붙이기 위해서는 모르타르가 필요하다. 건물을 상상해 보라. 돌들은 다른 돌들과 시멘트로 연결되어 건물의 일부가 된다. 공중에 걸려 있는 돌은 없다. 모든 돌이 건물에 속해 있으며 건물에서 떨어져 나올 수 없다.

잠시 멈춰서 베드로의 가르침을 우리 자신에게 적용하며 묵상해 보라. 예수 그리스도는 우리에게 어떤 의미인가? 우리이 정강

이를 쳐서 넘어뜨리는 걸림돌인가, 아니면 그 위에 우리 삶을 세우는 기초석인가?

오래 전 나는 일리노이 대학의 정신의학과 명예 교수인 호바트 모우러(Orval Hobart Mowrer, 1907-1982) 박사를 만나 이야기를 나눌 기회가 있었다. 그는 당대에 아주 유명한 학자였다. 그는 그리스도인이 아니었지만 교회와는 사랑 싸움을 했었노라고 말했다. 왜 그랬을까? 그는 청년 시절에 교회가 자신을 실망시켰고 지금은 그의 환자들을 실망시키고 있기 때문이라고 말했다. 그리고 그는 이렇게 덧붙였다. "교회는 공동체의 비밀을 전혀 배우지 못하고 있습니다." 이것이 그의 대답이었다. 이는 지금까지 내가 들었던, 교회에 대한 가장 신랄한 비판 가운데 하나였다. 교회는 곧 공동체**이며**, 하나님의 건물의 산 돌들이기 때문이다.

우리는 공동체인 교회, 하나님의 건물의 산 돌들인 교회에 대한 비전을 되찾아야 한다. 더욱이 양질의 모르타르가 절실하게 필요하다.

제사장

지금까지 베드로는 우리를 자라 갈 의무가 있는 갓난아기에, 또 서로 사랑하고 지원할 의무가 있는 산 돌에 비유했다. 이제 그는 셋째 이미지를 들어, 하나님을 예배할 의무가 있는 **거룩한 제사장**에 우리를 비유한다.

이 은유는 많은 그리스도인에게 놀라움으로, 또 충격으로까지 다가온다. 하지만 우리는 피할 수 없다. 베드로는 하나님이 우리를 "거룩한 제사장"(5절)과 "왕 같은 제사장"(9절)으로 만드셨다고 쓴다. 도대체 이 사도는 무엇을 의미하고 있는 것인가?

구약 시절 이스라엘 제사장은 두 가지 독점적인 특권을 누렸다. 첫째, 그들에게는 하나님께 나아갈 수 있는 특권이 있었다. 헤롯 성전은 제사장의 뜰로 둘러싸여 있고, 일반 백성은 출입이 철저히 차단되어 있었다. 제사장들만이 성전 안으로 들어갈 수 있었고, 그중 대제사장만이 지성소나 내소에, 그것도 속죄일에만 들어갈 수 있었다. 이를 강조하기 위해 율법은 그곳에 침입하는 자들은 모두 사형에 처하라고 규정하고 있다. 하나님께 나아가는 일은 제사장들에게만 제한되어 있고 일반 백성에게는 허락되지 않았음을 상징적으로 보여 주는 것이었다.

제사장들이 가진 두 번째 특권은 하나님께 희생 제사를 드리는 것이었다. 일반 백성들은 희생 제물을 가져와서 그 제물의 머리에 자신의 손을 얹었다. 이는 제물과 자신을 동일시하고, 자신의 죄가 희생 제물에 전가되었음을 상징적으로 나타냈다. 하지만 제사장만이 희생 제물을 죽여서 의식을 행하고 피를 뿌리는 일을 할 수 있었다.

이렇듯 구약 시대에는 하나님께 나아가는 일과 희생 제사를 드리는 일이 제사장직에만 엄격하게 제한된 두 가지 특권이었다.

하지만 이제 예수 그리스도 안에서 그리고 예수 그리스도를 통하여 제사장과 백성 사이의 이러한 구별이 폐지되었다. 이전에 제사장들에게만 제한되었던 특권을 이제 모두가 공유한다. 모두가 제사장이기 때문이다. 교회 전체가 제사장이다. 그리스도를 통하여 우리 모두가 하나님께 나아감을 누린다(우리는 하나님의 거룩한 임재 속으로 들어갈 담력을 얻었다, 히 10:19-22). 그리스도를 통하여 우리 모두 예배라는 신령한 제사를 하나님께 드린다. 이것이 종교개혁가들이 회복시킨 '만인 제사장직'이다.

물론 어떤 그리스도인들은 여전히 목사(pastor)로 부르심을 받는다. 영국 성공회에는 '사제'(priest)라 불리는 이들이 있다. 이것은 우리가 종교개혁의 유산을 잊어버리고 평신도들에게 허용되지 않은 제사장 역할을 주장하기 때문이 아니다. 그것은 오히려, 영어에서 '사제'는 (사전에 나와 있듯이) '장로'를 의미하는 단어(presbyter)의 축약형이며 제사장적인 의미를 갖고 있지 않기 때문이다. 그래서 17세기의 영국 성공회 교도들은 공동기도서에 '사제'라는 단어를 그대로 포함시켰다. 하지만 이것이 혼란스러울 수 있기에, 나는 사역의 세 가지 서열을 '주교, 장로, 집사'로 이름 붙인 남인도와 파키스탄의 성공회 지도자들의 지혜에 경의를 표한다.

그렇다면 그리스도인 제자들은 왜 '거룩한 제사장'이라 불리는가? 베드로는 5절에서 우리에게 이렇게 말한다.

너희도 산 돌같이 신령한 집으로 세워지고 예수 그리스도로 말미암아 하나님이 기쁘게 받으실 신령한 제사를 드릴 거룩한 제사장이 될 지니라.

우리는 하나님께 예배드리도록 부름받은 거룩한 제사장이다. 하지만 이것이 다인가? 교회는 영적인 게토와 같은 곳이 되어야 하는가? 우리는 내적인 삶에만 몰두하는가? 우리가 해야 할 일은 개인적인 성장(아기들로서), 교제(한 건물의 돌들처럼), 예배(하나님께 찬양의 신령한 제사를 드리는)뿐인가? 잃어버린 바 되고 외로운 바깥 세상은 어떻게 되는 것인가? 우리는 그들에게 신경 쓰지 않아도 되는가?

하나님의 백성

이러한 질문들을 가지고, 베드로가 네 번째 은유에 대해 해설하고 있는 9절과 10절을 보자. "그러나 너희는 택하신 족속이요 왕 같은 제사장들이요, 거룩한 나라요 그의 소유가 된 백성이니."

여기서 사도는 교회를 한 나라 혹은 백성, 실로 **하나님의 소유가 된 백성** 혹은 하나님의 소유에 비유한다. 이것이 아주 매력적인 이유는, 이 표현의 출처 때문이다. 그는 이 표현을 창안한 것이 아니라 출애굽기 19:5-6에서 발견했다. 거기서 하나님은 애굽에서 막 구속받은 이스라엘을 향해, 그들이 그분의 명령에 순종함으로써 언약을 지킨다면 그들은 그분이 귀히 여기시는 소유(*segullā*),

이 땅의 모든 나라 중에서 그분의 나라, 거룩한 나라가 될 것이라고 말씀하셨다.

이 서신에서 베드로는 성령께서 주신 놀라운 담대함으로, 그 말을 이스라엘에 적용한 출애굽기로부터 그 표현을 가져와서 그리스도인 공동체에 재적용한다. 그는 오늘날 우리에게 이렇게 말하고 있다. "예수를 따르는 여러분은 이스라엘이 예전에 그랬듯이 '거룩한 나라'다. 그것도 지금은 국제적인 나라다."

그런데 하나님은 왜 이스라엘을 택하셨는가? 그리고 왜 우리를 택하시는가?

그것은 편애가 아니라, 그분의 **증인**이 되도록 하기 위함이다. 우리가 복음을 독점하도록 하기 위해서가 아니라, "너희를 어두운 데서 불러내어 그의 기이한 빛에 들어가게 하신 이의 아름다운 덕('탁월하심' 혹은 '전능하신 행위')을" 선포하도록 하기 위함이다.

이와 동시에 베드로는 호세아서에서 한 구절을 인용한다.

> 너희가 전에는 백성이 아니더니 이제는 하나님의 백성이요
> 전에는 긍휼을 얻지 못하였더니 이제는 긍휼을 얻은 자니라.
> 전에는 어둠에 있었더니 이제는 그의 기이한 빛 가운데 있느니라.

그러므로 이러한 축복을 우리만 갖고 있을 수는 없다!

거류민

지금까지 베드로는 우리를 이렇게 비유했다.

- 성장의 책임이 있는 갓난아기
- 교제의 책임이 있는 산 돌
- 예배의 책임이 있는 거룩한 제사장
- 증거의 책임이 있는 하나님의 소유 된 백성

베드로는 두 가지 이미지에 대해 더 이야기할 것이다. 11절에서는 그 다섯째를 소개한다. "사랑하는 자들아 **거류민과 나그네** 같은 너희를 권하노니 영혼을 거슬러 싸우는 육체의 정욕을 제어하라." 이에 해당하는 헬라어 단어들이 아주 흥미롭다. '거류민'에 해당하는 단어는 자신이 사는 지역에서 시민권이 없는 이들을 가리키는 반면, '나그네'는 집이 없는 이들이다.

베드로가 편지의 수신자들을 이런 단어로 묘사한 이유는 무엇인가? 부분적으로는 그들이 정말로 그러한 상황이었기 때문이다. 그들은 로마 제국 전역에 흩어져 있었다. 그들은 특히 본도, 갈라디아, 갑바도기아, 아시아와 비두니아(현대의 터키) 전역에 흩어져 있던 소위 '디아스포라'(1:1, 개역개정에는 '흩어진'으로 되어 있다-역주)였다. 하지만 그에 더하여 이 표현은 그들의 영적 상태를 상징적으로 나타냈다. 그들은 하나님 나라 안에서 다시 태어났으므로 어느 정도는 '이 땅의 거류민과 나그네'가 되었다. 그러므로 그들은 이제 두 나라의 시민이었다. 그리고 그들의 우선적인 시민권은 하늘에 있었으므로 그들은 거룩한 삶으로 부르심을 받았다.

하지만 거룩한 하늘의 '시민권'이라는 개념은 위험한 진리다. 이는 쉽게 왜곡될 수 있기 때문이다. 사실 이는 종종 오용되어 우리가 세상적인 책임에서 손을 떼는 구실이 되어 버렸다. 종교는 '민중의 아편'이라고 한 칼 마르크스의 주장이 항상 틀린 것은 아니었다. 다가올 세상의 정의를 약속하면서 현 상태의 불의는 묵인하도록 마약을 투여했다는 면에서는 말이다.

하지만 베드로는 진리에 대한 이러한 곡해를 피하는 데 주의를 기울인다. 그는 우리가 순례자임을 언급하는 데서부터, 이 땅에서 시민으로서의 의무로 직행하고 있기 때문이다. 이에 대해 알아보자.

종

베드로의 여섯 번째 이미지는 제자들을 **양심적인 하나님의 종들로**(12-17절) 제시한다. 베드로는 수신자들에게 선한 삶을 살아서 이방인들로 하여금 그들의 선한 행실을 볼 수 있도록 하라고 권한다. 세상의 권세자들에게 복종하고, 선을 행함으로써 어리석은 사람들의 무식한 말을 막으라고 권한다. 또 자유를 오용하지 말되 자유로운 사람으로 살라고 권한다. 하지만 하나님의 종으로 살며,

동료 신자들, 하나님, 권세자들 등 모든 사람을 합당하게 공경하라고 권한다.

하지만 양심적인 시민으로서 이 땅에서의 모든 의무, 즉 권세자들에게 복종하고, 비판이 나오지 않도록 하고, 선을 행하고, 모든 사람을 공경할 의무에도 불구하고,

- 우리는 여전히 먼저 하늘에 속해 있다!
- 우리는 이 땅에서는 거류민이며 나그네다.
- 우리는 하나님이 계신 본향을 향해 가는 순례자다.

우리가 하늘의 시민권을 가졌다는 사실은 삶의 태도에 강한 도전을 준다. 먼저 돈과 소유에 대한 태도가 변한다. 우리는 인생을 알몸이 되는 두 순간 사이의 순례 여행으로 보기 때문이다. 비극과 고통에 대해서는 어떤가? 우리는 그것들을 영원의 시각으로 보게 된다. 그리고 특별히 유혹과 죄에 대한 태도도 바뀔 것이다.

11절은 '육체의 정욕'과 '영혼'을 의도적으로 대조한다. 우리 영혼은 하나님께로 가고 있다. 그러므로 우리는 그 진로를 막는 모든 것을 삼가야 하며, 하늘에 계신 하나님의 거룩한 존전에 설 준비를 하며 거룩한 삶을 살아야 한다.

균형

독자들은 내가 왜 이번 장의 제목을 '균형'이라는 단어로 표현했는지 의아했을 것이다. 이제 그 이유가 분명해졌을 것이다. 우리는 지금까지 베드로가 제자를 묘사하기 위해 모아 놓은 여섯 가지 은유를 따라왔다. 다시 정리하면 다음과 같다.

- 성장해야 하는 갓난아기
- 교제를 나누어야 하는 산 돌
- 예배드려야 하는 거룩한 제사장
- 증거해야 하는 하나님의 소유 된 백성
- 거룩해야 하는 거류민과 나그네
- 시민이 되어야 하는 하나님의 종

이는 너무나도 포괄적이고 균형잡힌 그림이다. 이 여섯 가지 의무는 각각 균형을 이루는 세 쌍으로 나눌 수 있다.

첫째, 우리는 개인적인 제자들로 자라는 일과 공동으로 교제하는 일 둘 다로 부름받는다. 아기들은 한 가정에서 태어나지만 그들만의 독자성이 있다. 쌍둥이조차도 한 명씩 태어난다! 하지만 건물을 세우는 돌들의 주요한 기능은 다른 무엇의 일부가 되는 것이다. 돌의 특성은 건물에 종속된다. 각 돌들은 그 자체가 아니라 전체에서 의미를 발견한다. 그러므로 우리는 개인적인 책임과 공동적인 책임 둘 다를 강조해야 한다.

둘째, 우리는 예배와 일 둘 다를 하도록 부름받는다. 제사장들로서 우리는 하나님께 예배드린다. 하나님의 소유 된 백성들로서 우리는 세상에서 증인의 역할을 한다. 교회는 예배하고 증거하는 공동체이다.

> 우리는 개인적인 제자와 공동적인 교제로, 예배와 일로, 순례자와 시민 둘 다로 부름받는다.

셋째, 우리는 순례자와 시민 둘 다로 살아가도록 부름받는다.

각 쌍들에서 우리는 균형을 유지하고, 한쪽을 희생함으로써 다른 쪽을 강조하지 않도록 해야 한다. 우리는 개인적인 제자이면서 교회의 구성원이며, 예배자이면서 증인이며, 순례자이면서 시민이다.

우리의 실패는 거의 모두 제자의 포괄적인 정체성을 잊어버리는 태만에서 나온다. 우리의 하늘 아버지는 한결같이 우리에게, 조지 8세가 웨일스의 왕자에게 했던 말을 하고 계신다. "사랑하는 아들아, 너는 네가 누구인지를 늘 기억해야 한다. 네가 누구인지를 기억한다면 그에 합당하게 행동하게 될 것이다."

7장
의존

1960년대에 소위 '세속' 신학자들은 인류는 성년이 되었으므로 이제 하나님 없이 살 수 있다는 대담한 주장을 폈다. 그러나 그들의 충격적인 선언은 오래가지 못했다. 사실 우리는 하나님의 자비와 지속적인 은혜에 의존해야 하는 죄인들이기 때문이다. 그분 없이 살려는 시도, 바로 그것이 정확히 죄가 의미하는 바다.

우리는 또한 서로가 필요하다. 나의 약함과 내가 누군가를 의지해야 하는 존재임을 잘 보여 주는 최근 경험을 나누고자 한다. 2006년 8월 20일 일요일 아침이었다. 나는 런던의 랭햄 플레이스에 있는 올소울즈 교회에서 말씀을 전하기로 되어 있었다. 그런데 세탁물을 치우다가, 회전의자의 튀어나온 발에 걸려 침대와 책장 사이로 넘어졌다. 엉덩이뼈가 부러졌거나 탈골되었음을 감지했다. 일어나는 것은 고사하고 움직일 수도 없었기 때문이다. 다행히 갖고 있던 비상 단추를 누를 수 있었고 친구들이 바로 와서 구해 주었다.

올소울즈 교회의 교구사제인 휴 팔머(Hugh Palmer)는 내 설교안을 찾아서 내가 해야 할 설교를 대신 해주었다. 나중에서야 나는 그것이 그 상황에 딱 맞았음을 알았다. 나는 주기도문에 대한 설교를 준비했었기 때문이다.[1] 주기도문은 여섯 개의 간구로 이루어져 있다. 먼저 하나님의 영광(그분의 이름과 나라와 뜻)을 향한 우리의 간절

함을 드러내는 세 가지 간구가 나오고, 우리가 그분의 은혜에 의존하고 있음(일용할 양식, 죄에 대한 용서, 악으로부터의 구원)을 드러내는 세 가지 간구가 이어진다. 오랫동안 주기도문의 두 번째 부분이 제자도에 대한 요약처럼 여겨졌다. 제자도란 하나님의 영광에 관심을 갖고 그분의 자비에 의존하는 것이기에 그렇다. 의존이야말로 우리 모두가 주기도문으로 기도할 때마다 취하는 기본적인 태도다.

의존에 대한 설교가 선포되고 있던 그 순간에도, 그것은 부분적이나마 예증되고 있었다. 너무나 짧은 시간에 나는 무력하게 마룻바닥에서 들것으로, 들것에서 구급차로, 구급차에서 병원 침대로, 병원 침대에서 수술실로 옮겨졌다. 깨어났을 때는 감사하게도 고관절에 인공 관절이 들어가 있었고, 나는 재활치료를 받았다.

이 장이 진행되는 동안, 마룻바닥에 큰 대자로 뻗어서 전적으로 다른 사람들에게 의존해야 했던 내 경험을 잊지 말기를 바란다. 때때로 급진적인 제자들이 있어야 할 장소가 그곳이기 때문이다. 나는 하나님이 우리를 더 성숙시키기 위해 이렇게 누군가를 의존하는 경험들을 사용하실 수 있다고 믿는다.

누군가를 의지한 이 사건에는 또 다른 측면도 있었다. 그것은 내게 새로운 경험이었고, 대충 넘어가고 싶은 유혹도 받았지만, 신실한 내 친구들은 숨기지 말라고 조언해 주었다. 그것은 정서적인 연약함이다. 몸이 약해지면 마음의 약함도 표면에 드러나 갑자기 눈물이 쏟아지기도 한다.

나는 선천적으로 잘 우는 사람이 아니다. 사람들은 나를 약한 사람이 아닌 강한 사람으로 여긴다. 어떤 상황에서도 의연하고, 감정을 드러내지 말라는 철학을 배운다고들 하는 이른바 '사립' 학교 중 하나인 럭비스쿨(Rugby School: 영국 잉글랜드의 유명한 사립학교-역주)에서 양육을 받았기 때문인지도 모르겠다.

하지만 그때 나는 복음서를 읽으면서 우리 주 예수께서 두 번이나 많은 사람이 보는 앞에서 우신 것이 기록되어 있음을 발견했다. 한 번은 회개하지 않는 성 예루살렘 때문이었고(눅 19:41), 그 다음은 나사로의 무덤가에서였다(요 11:35).

예수님이 우셨다면, 짐작컨대 그분의 제자들도 그럴 수 있다.

하지만 나는 왜 눈물을 흘렸을까? 나는 사람들이 회개하지 않는 현장이나 누군가의 죽음에 맞닥뜨린 것도 아니었다. 회복이 더 딜 수도 있다는 사실 때문에 자기 연민에 빠져 있었던 것인가? 의자에 걸려 넘어지고 뼈가 부러진 상황이 한심했던 것인가? 이미 내 공적 사역의 마지막을 감지했던 것인가? 그렇지 않다. 나는 생각을 정돈할 시간도 없었다.

내 친구 존 와이어트(John Wyatt)와 함께 눈물을 흘린 경험도 있다. 그는 런던의 유니버시티 칼리지 병원의 윤리 및 출산 의료학(Ethics and Perinatology) 교수로서, 낙태와 안락사에 대한 공개 논쟁에서 인간 생명의 존엄성을 옹호한 것으로 유명해져 있었다. 그 친구가 문병을 왔을 때, 우리는 우리의 연약함과 누군가를 의존해야 했던 경험들을 나누며 함께 눈물을 쏟아냈다. 그는 그 일을 이렇게 묘사했다.

존 스토트는 수술 후 며칠 동안 방향 감각 상실과 두려움을 일으키는 환각증 때문에 힘들어했다. 어쩔 수 없이 간호를 받아야 하는 처지를 창피해했고, 미래가 어떻게 될지에 대한 염려도 있었다. 우리가 병원에서 함께 이야기를 나누고 있었을 때 나는 몇 년 전에 심하게 아팠던 일과 그로 인해 혼란스러웠던 상황이 생생하게 떠올랐다. 우리 둘 다 눈물을 흘렸고, 인간이라면 누구나 갖고 있는 연약함과 나약함이 강하게 느껴져서 거기에 압도되었던 기억이 난다. 그러나 그것은 고통스러웠지만 자유를 가져다준 경험이었다.

비슷한 경험이 또 있다. 이번에는 내 친구이자 물리치료사인 쉴라 무어(Sheila Moore)의 글이다. 그녀는 그 경험을 다음과 같이 묘사했다.

존은 회복되어 집에 도착하자마자 늘 하던 대로 의자에서 휴식을 취했다. 그런데 갑자기 몸을 떨며 깊이 한숨을 쉬었다. 존이 어디가 좋지 않은 건가 싶어 살펴보는데, 눈물이 줄줄 흘러내리고 있었다. 최근의 사건들이 준 자극과 쌓여 있던 모든 감정이 너무나 강력하게 분출되고 있었던 것이다. '환자'로 있는 동안 그는 힘겹게 참아 왔던 것이다.
그런 깊은 경험을 하는 동안 해줄 말은 아무것도 없다. 그저 공감해 주고 그의 어깨에 손을 얹고 위로해 주는 것밖에는. 감정이 차츰 가라앉았을 때, 나는 그런 상황에서 아주 흔한 일이라고, 눈물은 아주 귀한 발산이자 치유의 한 방법이라고 말하며 그를 안심시켰다.

이렇게 완전히 '그와 어울리지 않는' 경험은 갑자기 일어났다. 그것은 충격적이기도 하고 감정적으로 힘들기도 한 너무나 놀라운 일이었다. 이는 합리적으로 설명하기 힘든 일이다. 특별히 이런 일을 수치스럽게 여기는 경향이 있는 남자들은 더 그렇다. 그러나 정직하게 직면한다면 그런 경험들은 아주 훌륭한 위안이 될 수 있다. 이런 순간들을 하나님이 앞으로 있을 삶의 변화를 준비하도록 주신 것으로, 하나님이 주신 특별한 선물로 바라보는 것은 참으로 귀한 일일 것이다.

또 다른 예를 들어 보겠다.

럭비스쿨에서의 마지막 학년 때 나를 그리스도께로 인도한 분은 친구들에게는 '배쉬'(Bash)로 알려져 있었던 내쉬(E. J. H. Nash) 목사님이었다. 그분은 최고의 사립학교 아이들을 그리스도께 인도하겠다는 분명한 비전을 가진 탁월한 헌신의 소유자였다. 그분은 캠프와 하우스 파티들을 통해 사역에서 놀랄 만한 성공을 거두었다. 하지만 이러한 성공에도 불구하고 그분에게서는 교만함을 찾아볼 수 없었다. 반대로 그분을 만나는 사람들은 모두 그분의 겸손함에 대해 이야기했다. 그분과 친했던 우리는 정말 그 비결이 궁금했다. 목사님은 그것에 대해서 말하기를 아주 조심스러워하셨다. 그런데 내게 그 비밀을 알려 주셨다.

언젠가 배쉬 목사님과 함께 기차 여행을 하고 있을 때, 목사님

> 굴욕은 겸손으로 가는 길이라고 그는 결론지었다. 전적인 무력함의 심연을 파헤쳐 보았다면, 자신감의 언덕을 오르는 일은 불가능할 것이다.

은 어린 시절에 대한 이야기를 해주셨다. 20대에 심한 병에 걸렸는데, 병이 너무 심해져서 곧 죽을 거라고 생각하셨다고 했다. 너무 약해져서 거의 움직일 수가 없었고, 혼자서 먹을 수조차 없어서 누군가 숟가락으로 음식을 떠넣어 줘야 했다. 그것은 전적인 의존의 경험인 동시에 굴욕의 경험이었다고 그는 말을 이어갔다. 확실히 굴욕은 겸손으로 가는 길이라고 그는 결론지었다. 전적인 무력함의 심연을 파헤쳐 보았다면, 자신감의 언덕을 오르는 일은 불가능할 것이다.

몇 년 후 이 진리를 캔터베리의 대주교 마이클 램지가 확인해 주었다.

그는 사제 서품을 준비하는 한 그룹에게 서품을 받기 전날 저녁, 겸손이라는 주제로 설교를 한 적이 있다. 그의 설교에는 다음과 같은 조언이 포함되어 있었다.

1. 시시때때로 그리고 항상 **하나님께 감사하십시오**.…여러분의 영구적인 특권에 대해 조심스럽게 그리고 경탄하며 하나님께 감사하십시오.…감사는 교만이 쉽게 자라지 못하도록 하는 토양입니다.
2. **죄를 고백**하는 일에 마음을 쓰십시오. 반드시 하나님 앞에서 자신을 평가하십시오. 이것이 자기 반성입니다. 그리고 하나님의 평가

아래 자신을 맡기십시오. 이것이 고백입니다.…

3. **굴욕**을 받아들일 준비를 하십시오. 마음에 심각한 상처를 받을 수 있지만 여러분을 겸손하게 해줄 것입니다. 사소한 굴욕이 있을 수 있습니다. 그것을 받아들이십시오. 좀더 심한 굴욕이 있을 수도 있습니다.…이 모든 것이 자기를 낮추사 십자가에 못박히기까지 하신 우리 주님께 좀더 가까워지는 기회가 될 수 있습니다.…

4. **지위**에 대해 염려하지 마십시오.…우리 주님이 우리에게 관심을 가지라고 명하신 단 하나의 지위가 있습니다. 그것은 예수님께 가까이 나아가는 지위입니다.…

5. 여러분의 **유머 감각**을 활용하십시오. 웃으십시오. 인생의 부조리를 웃어 넘기고, 여러분 자신과 자신의 보잘것없음에 대해 웃어 넘기십시오. 우리는 모두 하나님의 우주 안에서 무한히 작고 터무니없는 피조물들입니다. 여러분은 진지해야 하지만 침통할 필요는 없습니다. 여러분이 무언가에 대해서도 침통하다면 여러분 자신에 대해 침통해질 위험이 있기 때문입니다.[2)]

다른 사람에게 의지하지 않으려는 것은 성숙이 아니라 미성숙의 표지다. 퓰리처 상을 받은 알프레드 유리(Alfred Uhry)의 연극을 바탕으로 만들어진 "드라이빙 미스 데이지"(Driving Miss Daisy)라는 영화가 좋은 예다.

인종 갈등의 문제가 저변에 흐르고는 있지만, 이 영화의 주된 이야기는 두 주인공, 즉 72세의 고집 센 과부 데이지 여사의 미국인 흑인 운전사 호크의 심리적 관계가 발전해 가는 것을 보여 준다.

사건은 데이지 여사가 브레이크 대신 액셀러레이터를 밟아 사고가 남으로써 시작된다. 그녀의 아들 불리는 이제 더 이상 보험을 들어 줄 보험 회사도 없으니 운전 기사를 고용해야 한다고 말한다. 그녀는 싫다고 버티지만, 그는 포기하지 않고 지금은 세상을 떠난 한 지방 판사의 기사였던 호크를 찾아낸다.

처음에 그녀는 호크와 아무런 관계도 맺지 않으려 한다. 그러다 그녀는 무심코 이렇게 내뱉는다. "난 당신이 필요없어요. 당신을 원하지도 않고, 당신을 좋아하지도 않아요!" 하지만 데이지 여사와 호크는 함께 시간을 보내면서 점점 서로의 진심을 알아 가게 되고, 몇 년 후 그녀는 호크에게 "당신은 정말 나의 가장 좋은 친구에요"라고 말하며 그의 손을 잡는다.

영화는 데이지 여사가 은퇴 후에 살고 있는 집에서 추수감사절을 맞으면서 끝이 난다. 불리와 호크 둘 다 그녀를 찾아왔지만 그녀는 호크만 만나겠다고 고집한다. 그는 그녀가 호박 파이를 아직 들지 않았음을 알아차리고, 그녀가 포크를 들어올리려고 하자, 부드럽게 그녀에게서 접시와 포크를 가져간다. 그는 "제가 도와드릴게요"라고 말하고는, 파이를 작게 잘라서 조심스럽게 그녀에게 먹여 준다. 그녀는 기뻐한다. 맛이 괜찮았다. 그는 또 한 조각을 먹여 준다. 그리고 또 한 조각을.

이 영화는 그녀가 무슨 일에서든 그에게 의존하지 않으려 했던 첫 부분부터 거의 모든 면에서 다른 사람에게 의존하게 되는 마지막에 이르기까지 그들의 관계의 변화를 담고 있다.

나이가 들어 가는 과정은, 데이지 여사와 호크의 관계가 변화되는 과정이었다. 영화가 끝날 무렵, 호크는 85세이고 데이지 여사는 97세다.

오늘날도 여전히 우리의 관계들은 변화될 수밖에 없다. 스위스의 유명한 의사이자 심리치료사였던 폴 투르니에 박사(1898-1986)는 「인간 의미의 심리학」(*The Meaning of Persons*, 보이스사)[3]이라는 책으로 명성을 얻었으며, 그의 생각은 「퇴직과 노년의 심리학」(*Learning to Grow Old*, 보이스사)이라는 책에 잘 적용되어 있다.

> 우리는 더 인격적이 되라는, 인간이 되라는, 우리의 인격적인 모든 자원으로 노년을 맞이하라는 부르심을 받는다.
>
> 우리는 사람보다는 사물을 우선시했고, 사람보다는 사물에 기초한 문명을 세웠다. 노인들은 사람으로서의 가치만 있을 뿐 더 이상 생산자로서의 가치는 없는 순수하게 그저 사람이기 때문에 무시당한다.
>
> 우리는 나이가 들어서야,…인격적인 관계라는 진정한 사역에 필요한 시간과 자격을 갖게 된다.[4]

그러나 우리는 의존이 급진적인 제자가 취할 유일한 태도라고 생각해서는 안 된다. 그 반대로, 다시 말해 의존하기보다는 자립하도록 부르심받는 때와 시기가 있다. 1960년대에 런던에 기독교 상담 기관 '돌봄과 상담'(Care and Counsel)이 세워질 때 총책임을 맡

았던 마이라 셰이브 존스(Myra Chave-Jones)는 의존과 자립 사이에서 분투하는 시기는 "인생의 학습 곡선이 가장 가파른 시기 중의 하나"라고 썼다.

예수님 자신도 우리가 나이가 들어갈수록 누군가를 더욱 의지하게 될 것이라고 가르치셨다. 그분은 부활하신 후 베드로에게 이렇게 말씀하셨다.

네가 젊어서는 스스로 띠 띠고 원하는 곳을 다녔거니와 늙어서는 네 팔을 벌리리니 남이 네게 띠 띠우고 원하지 아니하는 곳으로 데려가리라.(요 21:18)

요한은 예수님의 말씀이 베드로와 그의 죽음을 구체적으로 언급하신 것이라고 말하지만, 이 말씀은 나이가 들어 가는 일에 폭넓게 적용되는 원리를 담고 있다.

따라서 어떤 상황에서는 자립하는 것이 적절하다 할지라도, 나는 급진적인 제자의 특징을 가장 잘 보여 주는 태도는 의존이라 생각한다. 나는 이미 언급한 바 의존의 우선성을 말하는 존 와이어트의 웅변적인 표현에 귀를 기울인다. "우리 인생을 향한 하나님의 계획은 우리가 의존하는 존재가 되는 것이다."

우리는 다른 사람의 사랑과 보살핌과 보호에 전적으로 의존하여 이 세상에 들어왔다. 우리는 다른 사람이 우리에게 의존하는 인생의 단계를 거쳐 간다. 그리고 우리 대부분은 다른 사람의 사랑과 보살핌에 전적으로 의존하여 이 세상을 떠날 것이다. 이것은 악하거나 참담한 현실이 아니다. 이것은 하나님이 우리에게 주신 육체적인 본성의 일부이며 하나님의 계획의 한 면이다.

나는 때때로 노인들, 그리고 좀더 의식이 있어야 할 그리스도인 노인들까지도 이런 말을 하는 것을 듣는다. "아무에게도 짐이 되고 싶지 않아요. 내 앞가림을 할 수 있을 때까지만 살았으면 행복하겠어요. 짐이 되느니 죽는 게 낫죠." 하지만 이런 태도는 옳지 않다. 우리는 모두 누군가에게 짐이 되도록 설계되었다. 당신은 내게 짐이 되도록 설계되었고 나는 당신에게 짐이 되도록 설계되었다. 가족의 삶, 그리고 지역 교회 가족의 삶 역시 '서로에게 짐이 되는' 삶이어야 한다. "너희가 짐을 서로 지라. 그리하여 그리스도의 법을 성취하라"(갈 6:2).

그리스도께서는 몸소 의존의 위엄을 나타내 보이셨다. 그분은 전적으로 엄마의 보살핌에 의존해야 하는 아기로 태어나셨다. 누군가 그분을 먹이고, 엉덩이를 닦아 주고, 굴러 넘어지려 할 때 받쳐 주어야 했다. 하지만 그분의 신적 위엄은 결코 잃지 않으셨다. 그리고 결국 십자가에서 축 늘어진 팔다리에 못이 박힌 채 움직일 수 없는, 다시 전적으로 의존하는 상태가 되신다. 이렇게 우리는 그리스도의 인격을 통하여, 의존이 한 인간에게서 그들의 최고 가치인 위엄을 빼앗지 않으며 빼앗을 수 없음을 배운다. 그리고 의존이 우주의 하나님이 보이신 태도라면, 분명 우리에게서도 드러나야 할 것이다.

8장
죽음

급진적인 제자의 여덟째이자 마지막 특징으로, 나는 죽음을 들고자 한다. 이제 이에 대해 설명해 보겠다. 기독교는 생명, 즉 영원한 생명, 최고의 생명을 주는 종교다. 하지만 생명에 이르는 길이 죽음임을 분명히 한다. 적어도 여섯 가지 영역에서 그것을 강조하는데, 바로 이번 장에서 다룰 내용이다. 죽음을 통한 생명은 기독교 신앙과 그리스도인의 삶 둘 다의 가장 심원한 역설 가운데 하나다.

삶과 죽음은 둘 다 늘 인간의 마음을 사로잡는다. 우리가 살아 있다는 것 그리고 죽을 것이라는 사실은 의심의 여지가 없다. 삶과 죽음은 우리가 인정하는 법을 배워야 하는 두 가지 절대적인 사실이다. 하지만 둘 다 신비이며 정의하기 어려운 것이기도 하다.

> 죽음을 통한 생명은 기독교 신앙과 그리스도인의 삶 둘 다의 가장 심원한 역설 가운데 하나다.

나는 내가 재미를 느끼는 영역, 즉 조류학에서 한 예를 보여 주고자 한다.

1997년에 세상을 떠난 로저 토리 피터슨(Roger Tory Peterson)은 20세기 미국의 유명한 새 관찰자이자 새 그림작가였다. 그는 자신이 어떻게 그 일을 시작하게 되었는지에 대해 이야기하곤 했다.

열한 살 때 시골길을 걷다가 우연히 플리커(Flicker, 딱따구리의 일종)를 발견한 것이다. 그것은 마치 참나무 줄기에 매달려 있는 한 덩어리의 갈색 깃털처럼 보였다.

> 나는 조심조심 뒤쪽에서 살짝 건드려 보았다. 그 순간 이 무생물 같던 물체가 갑자기 머리를 홱 돌리더니 놀란 눈으로 나를 바라보았다. 그러고는 황금 날개를 반짝이며 숲 속으로 도망가 버렸다. 그것은 마치 부활 같았다. 죽은 것처럼 보였던 것이 사실은 아주 생생하게 살아 있었다. 그때 이후로 새들은 내게 생명을 가장 생생하게 표현해 주는 상징이 되었다.…새들은 생명을 확증해 준다.[1]

피터슨은 다른 곳에서 이것을 "내 생애의 결정적인 순간"으로 묘사했다. 그는 계속해서 이렇게 썼다. "죽었다고 생각했던 것 그리고 갑자기 너무나 생생해진 것, 둘 사이의 대조적인 모습에 나는 압도되었다."[2]

하지만 이 장에서 내가 관심을 두는 바는, 자연 안에서의 생명과 죽음이 아니라 그리스도 안에서의 죽음과 생명이다. 근본적으로 성경은 죽음을 생명의 끝이 아니라 생명으로 가는 문으로 본다.

성경이 우리 앞에 생명의 매력적인 영광을 제시한 다음 그것을 경험하는 필수불가결한 조건이 죽음이라고 주장하기 때문이다. 요컨대 성경이 약속하는 생명은 죽음**을 통한** 것이며, 다른 조건은 없다. 그래서 사도 바울은 그리스도인을 "죽은 자 가운데서 다시 살아난 자"(롬 6:13)로 묘사한다. 이러한 시각은 세상의 정신과는 너무나 다르고, 너무나 새롭고, 함의하는 바가 너무나 혁명적이어서, 신약 성경을 보면서 우리는 그 원리가 작동되는 여섯 가지 다른 상황을 살펴볼 필요가 있다.

구원

먼저 우리는 우리의 구원과 관련하여 죽음과 생명을 본다. 구원은 종종 생명으로 표현되기 때문이다. 바울은 하나님의 은사가 영생이라고 썼고(롬 6:23), 요한은 아들이 있는 자에게는 생명이 있다고 설명했다(요일 5:12). 또한 이 생명의 독특한 특징은 그 영원성이 아니라 새 시대의 생명이라는 특성임이 분명하다. 영생은 하나님과의 사귐 가운데 사는 삶이다(요 17:3).

하지만 이 생명으로 들어가는 유일한 길은 죽음이다. 그 이유는 분명하다. 하나님과의 사귐을 막는 장벽이 죄이며 "죄의 삯은 사망"(롬 6:23)이다. 성경 전체에서 죄와 죽음은, 범법 행위와 그에 합당한 형벌로서 함께 짝을 이루고 있다. 하지만 우리가 자신의 죄로 인해 죽어야 한다면 그것으로 우리는 끝일 것이다. 그런 식으로는 생명이 있을 수 없다.

그래서 하나님이 예수 그리스도 안에서 우리에게 오셨다. 그분이 우리가 있어야 할 곳에 오셔서 우리 죄를 지시고 우리의 죽음을 죽으셨다. 우리는 죄를 지었다. 그러므로 우리는 죽어 마땅

하다. 그러나 그분이 우리 대신 죽으셨다. '그리스도가 죄를 위해 죽으셨다'는 간단한 선언으로 충분하다. 그분에게는 죽어야 할 죄가 없으셨다. 그분은 우리 죄를 위해 죽으셨다.

하지만 그분이 죽음으로 이루신 일이 우리를 위한 것이었다고 우리가 주장하지 않는다면, 그분의 죽음은 우리에게 아무 소용도 없다. 내적으로는 믿음으로 그리고 외적으로는 세례로, 우리는 죽으시고 부활하신 그리스도와 연합하게 된다. 우리는 그분과 함께 죽었고 함께 일으킴을 받았다. 그러므로 이제 우리는 "죄에 대하여는 죽은 자요 그리스도 예수 안에서 하나님께 대하여는 살아 있는 자로 여겨야" 한다(롬 6:11). 죄의 영향을 받고 있음을 알면서도 겉으로는 받지 않는 체하는 것이 아니라, 그리스도와 하나가 됨으로써 그분이 죽음으로 이루신 일이 우리의 것이 되었다는 사실을 인식하고 기억하는 것이다. 우리는 "하나님께 대하여 살아 있는" 자, 그분의 죽음을 통하여 살아 있는 자다.

제자도

죽음을 통한 생명이라는 원리는 제자도에서도 동일하게 작동한다. 예수님은 다음과 같은 생생한 상징을 사용하셨다.

> 무리와 제자들을 불러 이르시되 누구든지 나를 따라오려거든 자기를 부인하고 자기 십자가를 지고 나를 따를 것이니라. 누구든지 자기 목

숨을 구원하고자 하면 잃을 것이요 누구든지 나와 복음을 위하여 자기 목숨을 잃으면 구원하리라.(막 8:34-35)

우리가 로마 치하의 팔레스타인에서 살고 있었다면, 그리고 십자가 혹은 적어도 '파티불룸'(patibulum) 즉 십자가 가로대를 지고 가는 한 남자를 보았다면, 그가 무엇을 하고 있는지 물어볼 필요가 없을 것이다. 우리는 그가 처형을 받으러 가는 사형수임을 바로 알았을 것이다. 로마에서는 사형 언도를 받은 이들로 하여금 처형 장소까지 십자가를 지고 가도록 했기 때문이다.

그렇다면 이 구절은 예수님이 자기 부인을 설명하기 위해 사용하신 극적인 이미지다. 우리가 예수님을 따르고 있다면, 우리가 갈 수 있는 단 한 장소가 있는데 그곳은 죽음의 장소다. 디트리히 본회퍼(Dietrich Bonhoeffer)는 「나를 따르라」(대한기독교서회)에서 이렇게 썼다.[3] "그리스도께서 사람을 부르실 때 그분은 그에게 와서 죽으라고 명하신다." 더욱이 누가에 따르면 우리는 날마다 우리 십자가를 져야 하고(눅 9:23), 그러지 않으면 그분의 제자가 될 수 없다(눅 14:27).

이러한 가르침은 인간 잠재능력 회복 운동 그리고 여기에 편승한 뉴에이지 운동과 정면으로 충돌한다. 칼 로저스(Carl Rogers)는 인간은 병리적인 특성(프로이트가 가르친 것처럼)이 아니라 잠재력이 있는 존재라고 가르쳤고, 에이브러햄 매슬로우(Abraham Maslow)는 자아 실현 욕구를 강조했다. 우리 '목숨'(life)을 '구원'하고 '잃는' 것에 관한 예수님의 말씀은 분명 순교에 적용될 수 있지만, 꼭 그렇게 제한되지만은 않는다. 우리의 '목숨'은 '프쉬케'(*psychē*), 즉 자아이며, 다른 번역본에서는 재귀대명사 즉 '자기 자신'이 사용되었다. 따라서 우리는 35절을 이렇게 다시 쓸 수 있다. "누구든지 자기 자신에게 매달려 자신을 위해 살려 한다면 자신을 잃을 것이다. 그러나 누구든지 그리스도와 복음을 위해 기꺼이 죽고자 하며, 자신을 포기하고자 하며, 자신을 내어주고자 한다면, (완전히 버리는 순간에) 자신을 찾을 것이며 자신이 진정으로 누구인지 알게 될 것이다." 예수님은 자기 부인을 대가로 진정한 자기 발견을, 죽음을 대가로 진정한 생명을 약속하시는 것이다.

예수님의 이러한 가르침은 사도 바울이 더 정교하게 만들었다. 그는 갈라디아서에서 자신은 그리스도와 함께 십자가에 못박혔다고(2:20) 선언했으며, 그리스도의 사람들은 육체와 함께 정욕과 탐심을 십자가에 못박았다고 선언했다(5:24). 이것은 '죽이는 것'(mortification), 다시 말해 우리의 타락하고 자기 멋대로인 본성을 끊어 버리는 것이다. 이에 대한 바울의 가장 명료한 선언은 로마서 8:13에 나온다.

> 너희가 육신(sinful nature)대로 살면 반드시 죽을 것이로되 영으로써 몸의 행실을 죽이면 살리니.

이는 생명과 죽음을 아주 분명하게 대조하는 구절이다. 이 구절은 실제로 죽음으로 이끄는 종류의 생명이 있으며, 또한 실제로 생명으로 이끄는 종류의 죽음이 있다고 단언한다. 따라서 우리가 진정한 성취를 이루는 삶을 살고자 한다면, 모든 악을 죽여야 (철저히 제거해야) 한다. 마틴 로이드 존스(Martyn Lloyd-Jones)가 썼듯이 말이다.

> 많은 사람들이 그리스도인다운 삶을 사는 것을 어려워하는 이유는 영적으로 자기 자신을 과보호하기 때문이라는 것을 나는 점점 더 확신하게 된다.[4]

거꾸로 악을 제거하면 우리는 살 것이다. 온전한 생명으로 들어가는 유일한 길은 죽는 것, 즉 우리의 제멋대로인 본성과 모든 탐심을 죽이는 것, 십자가에 못박기까지 하는 것, 다시 말해 철저하게 버리는 것이다.

청교도 존 오웬(John Owen)은 「신자들 속의 죄 죽이기」(*The Mortification of Sin in Believers*, 1656)라는 논문에서 이를 강조한다. 그는 "죄를, 짜증나게 하는 것이나 불안하게 하는 것으로서가 아니라 죄로 미워하는 것이 모든 진정한 영적 죽이기의 기초다"라고 썼다(8장). 따라서 우리 안에 거하는 죄와 전투를 벌이고, 그 죄와 타협하지 말아야 한다. 우리는 "아무 근거 없이 자신에게 평화를 말하는 대죄"를 피해야 한다(13장). 더욱이 그러한 철저한 죽이기는 오직 성령을 통해서만 가능하다. "성령 없이 신성으로 죄를 죽이는 것보다는, 눈 없이 보는 것이나 혀 없이 말하는 것이 더 쉬울 것이다"
(7장).

선교

죽음을 통한 생명의 원리가 작동하는 셋째 영역은 선교다. 고난은 선교에 없어서는 안 될 측면임에도 불구하고 자주 간과된다. 그러므로 이에 대한 주목할 만한 예들을 보기 전에 그 성경적인 기초를 파악하는 것이 필요하다.

이사야 42-53장에 나오는 주의 종에 대한 놀라운 면면들을 보자. 그의 소명은 모든 민족에게 구원의 빛을 가져오는 것이지만 그 전에 먼저 조롱과 박해를 견디어야 한다. 그는 "모든 민족에게 그 소식을 전하기" 전에 사람들에게 멸시를 받고 거부당할 것이며 자기 생명을 죽음에 내어놓을 것이다.

더글라스 웹스터(Douglas Webster)는 「선교를 향해」(Yes to Mission)라는 책에서 이 주제에 대해 아주 감동적인 해설을 했다.

> 선교는 곧 수난으로 이어진다. 성경적인 범주에서…그 종은 고난을 받아야만 한다.…그럴 때 선교는 더욱 효과적이 된다.…모든 형태의 선교는 어떤 형태든지 십자가로 이어진다. 선교를 모양으로 표현하자면, 그것은 십자가 모양이다. 우리는 십자가를 통해서만 선교를 이해할 수 있다.…[5]

예수님은 자신이 고난받는 종의 예언을 성취할 것임을 분명히 아셨고, 선교에는 고난이 반드시 필요하다고 말씀하셨다. 헬라인 대표단이 빌립에게 와서 예수님을 만나고자 청했을 때 예수님은 이렇게 대답하셨다.

> 인자가 [십자가에서] 영광을 얻을 때가 왔도다. 내가 진실로 진실로 너희에게 이르노니 한 알의 밀이 땅에 떨어져 죽지 아니하면 한 알 그대로 있고 죽으면 많은 열매를 맺느니라. 자기의 생명을 사랑하는 자는 잃어버릴 것이요 이 세상에서 자기의 생명을 미워하는 자는 영생하도록 보전하리라.(요 12:23-25)

지금은 제자도가 아니라 선교의 맥락이지만, 예수님은 여기서 다시 생명과 죽음이라는 표현을 사용하시며 죽음이 생명에 이르는 길임을 강조하신다. 그분의 죽음을 통해서만 복음은 이방 세계로 확장될 것이다. 죽음이 열매를 맺는 길이다. 씨가 죽지 않는다면 그 씨 하나만 남을 것이다. 그러나 씨가 죽으면 그것은 엄청난 열매를 맺을 것이다. 메시아의 경우도 마찬가지다. 그것은 메시아의 공동체에도 동일하다. "나를 섬기려면 나를 따라야" 하기 때문이다(요 12:26).

선교적 고난에 대한 성경적 기초는 사도 바울을 언급하지 않고는 완성될 수 없을 것이다. 그의 이 놀라운 선언을 숙고해 보라.

> 그런즉 사망은 우리 안에서 역사하고 생명은 너희 안에서 역사하느니라.(고후 4:12)

여기서 사도는 자신의 죽음을 통해서만 다른 사람들이 살 것이라고 감히 주장한다. 정신이 나간 것 아닌가? 그렇지 않다! 그가 정말 그런 뜻으로 말하는 것인가? 그렇다! 물론 그의 고난과 죽음이 예수 그리스도의 고난과 죽음처럼 구원을 가져올 수는 없다. 이 말은 사람들이 복음을 통해 생명을 얻고, 신실하게 복음을 선포하는 이들은 복음을 위해 고난을 받는다는 뜻이다. 바울은 자기가 무슨 말을 하고 있는지 알았다. 그가 선포한 복음은, 유대인이든 이방인이든 구원은 오직 믿음으로만 가능하다는 것이었다. 이는 유대인들의 엄청난 반대를 불러일으켰고 그 정도가 너무나 심했기 때문에, 이방인들이 구원을 얻은 것은 바울이 기꺼이 신실하게 복음을 선포하고 그것을 위해 고난받았기 때문이라고 말해도 전혀 과장이 아니다. 그는 그들을 살리기 위해 죽을 준비가 되어 있었다.

기독 교회의 역사는 복음을 위해 생명의 위험을 무릅쓴 결과로 교회가 성장하는 것을 목도했던 용감한 선교사들로 아름답게 장식되어 있다. 나는 여기서 두 가지 경우만 언급하고자 한다. 하나는 한 개인의 이야기이고, 다른 하나는 한 나라 전체의 이야기다.

그 개인은 버마(현재의 미얀마) 선교사 아도니람 저드슨(Adoniram Judson)이다. 그는 아내 앤에게 프러포즈를 할 때 이렇게 말했다.

"나와 결혼해 주십시오. 나와 함께 아시아의 정글로 가서 거기서 그리스도를 위해 함께 죽읍시다." 그들은 1813년에 랑군에 도착했고 이내 버마의 언어와 문화에 깊이 매료되었다. 6년 후에야 아도니람은 첫 설교를 할 수 있겠다고 느꼈고, 7년 후에 그들은 첫 번째 회심자 이름을 올릴 수 있었다. 성경 전체를 버마어로 옮기는 데는 20년이 걸렸다. 그는 소책자들과 교리문답서, 문법책, 또 아직도 사용되고 있는 영어 사전을 쓰기도 했다.

그는 심한 고통을 당했다. 생전에 두 번 아내를 잃었고 여섯 아이를 잃었다. 그와 그의 가족은 계속해서 질병으로 괴로움을 겪었다. 영국-버마 전쟁 기간 동안에는 스파이로 의심을 받아 2년여를 쇠사슬과 열기와 오물을 견디며 감옥에서 보냈다. 그리고 그는 37년 동안 선교 사역을 하면서 미국의 집에는 단 한 번 왔다.

하지만 버마 땅에서 '죽고 묻힌' 결과 그는 많은 열매를 맺었다. 그와 앤이 버마에 도착한 1813년 첫 일요일에는 그들끼리만 성찬을 나누었다. 초대할 다른 그리스도인이 없었기 때문이다. 하지만 37년 후인 1850년 그가 세상을 떠났을 때는 63개의 교회에 세례를 받은 7천여 명의 버마인과 카렌족이 있었다. 그리고 지금은 버마에 3백만 이상의 그리스도인이 있는 것으로 추정된다.

둘째로 이야기하고 싶은 예는, 중국이라는 광대한 나라에 대한 것이다. 공산주의가 정권을 잡고 외국인 선교사들이 모두 떠나야 했을 때 그곳에는 약 백만 명의 개신교 그리스도인이 있었던 것으로 추정된다. 하지만 오늘날은 약 7천만 명으로 추정된다.[6]

이에 대해 어떻게 설명할 수 있을까? 토니 램버트(Tony Lambert)는 다음과 같이 썼다.

> 중국에서 교회가 성장하고 여러 지역에서 진정한 영적 부흥이 일어난 이유에는 십자가 신학이 밀접하게 연결되어 있다.…중국 교회의 냉혹한 메시지는, 하나님이 그분의 교회를 세우고 부흥을 부어 주시기 위해 십자가에 달린 그리스도의 고난과 선포를 사용하신다는 것이다. 서구에 있는 우리는 여전히 이런 메시지를 들으려 하는가?…중국 교회는…십자가의 길을 걸었다. 1950년대와 1960년대의 순교자들의 삶과 죽음이 풍성한 열매를 맺었다.[7]

열매 맺기 위해서 죽어야 한다는 그 '죽음'은 순교만큼 극적으로 보이지 않을 수도 있다. 그럼에도 불구하고 그것은 특히 타문화권 선교사에게는 진짜 죽음이다. 그들에게는 그것이 가족, 친척들과 헤어지는 것이며, 안락과 편안함에 대한 죽음일지도 모른다. 혹은 성공의 사다리를 오르려는 유혹을 포기하고 초라한 섬김의 사역에 머무르는 데 만족하는, 개인적인 야망에 대한 죽음일 수도 있다. 혹은 자신이 물려받은 문화를 높이지 않고(그것이 그들의 존재의 일부임에도 불구하고) 대신 그들이 받아들인 문화와 동일시하는, 문화적 제국주의에 대한 죽음일지도 모른다. 이런 식으로 우리는 열매 맺는 삶을 위해 '죽으라'는 부르심을 받는다.

박해

죽음이 생명으로 가는 길임을 발견하게 되는 넷째 영역은 신체적인 박해다.

다시 한 번 이에 대한 탁월한 예는 사도 바울이다. 그만큼 고난을 받은 그리스도인은 거의 없다. 그는 태형을 당했고, 돌에 맞았고, 감옥에 갇혔고, 죽음의 위협을 받았고, 파선했다. 실로 그가 받은 잔혹한 처사는 정말 심했기에 그는 그것을 일종의 '죽음'으로, 또 거기서 벗어난 것을 일종의 '부활'로 묘사하곤 했다. 그는 부활에 관한 위대한 장의 중간쯤에 "나는 날마다 죽노라"라고 썼다 (고전 15:31). 이는 그가 계속 죽음의 위험에 노출되어 있었음을 의미한다. 여기 그의 진술 전체가 있다.

> 형제들아 우리가 아시아에서 당한 환난을 너희가 모르기를 원하지 아니하노니 힘에 겹도록 심한 고난을 당하여 살 소망까지 끊어지고 우리는 우리 자신이 사형 선고를 받은 줄 알았으니 이는 우리로 자기를 의지하지 말고 오직 죽은 자를 다시 살리시는 하나님만 의지하게 하심이라. 그가 이같이 큰 사망에서 우리를 건지셨고 또 건지실 것이며 이 후에도 건지시기를 그에게 바라노라. (고후 1:8-10)

박해를 받는 그리스도인들이 모두 바울처럼 죽음에서 거듭 구출되는 것은 아니다. 그리스노인들이 민세나 구원의 약속을 받는 것은 아니다. 대신 우리는 죽음의 한가운데서도 생명을 경험할 수 있다.

> 우리가 항상 예수의 죽음을 몸에 짊어짐은 예수의 생명이 또한 우리 몸에 나타나게 하려 함이라. 우리 살아 있는 자가 항상 예수를 위하여 죽음에 넘겨짐은 예수의 생명이 또한 우리 죽을 육체에 나타나게 하려 함이라.(고후 4:10-11)

이 놀라운 진술은 우리가 예수님의 죽음과 생명을 동시에 경험할 수 있다고 선언한다. 명사 '몸'과 부사 '항상'이 10절과 11절에서 반복되고 있음을 주목하여 보라. 우리는 항상 우리 몸에 예수의 죽음과 생명을 지니고 있다. 육체적인 괴롭힘을 당하고 있거나 우리가 죽을 것을 알고 있을 때에라도 우리는 예수님의 영적 생명력에 의지할 수 있다. 부활이 일어나기 전에도 우리는 예수님의 부활 생명을 경험한다. 이렇듯 우리는 "죽은 자 같으나…살아 있다"(고후 6:9).

바울의 육체의 가시가 무엇이었든 간에(어떤 사람은 그것을 질병이라 생각하고 다른 사람은 박해라 생각한다), 그것은 분명 일종의 신체적인 문제였다. 그리고 바울은 거기서 해방되기를 부르짖었지만, 그는 오히려 그의 약함 가운데서 그리스도의 능력을 약속받았다. 실로 바울이 고린도 교회에 보낸 편지들의 핵심에 있는 진리는 약함을 통한 능력, 고난을 통한 영광, 죽음을 통한 생명이다.

결국 바울은 구원받지 못하고 처형당했다. 그는 자신의 피로 자신의 증언을 봉인했다. 그리고 성경의 마지막 책에서 하나님의 백성은 박해와 순교에 대한 경고를 받는다. 예수님은 서머나 교회에 이렇게 말씀하셨다. "너는 장차 받을 고난을 두려워하지 말라.… 네가 죽도록 충성하라. 그리하면 내가 생명의 관을 네게 주리라" (계 2:10).

토론토에 있는 기독교학문연구소의 폴 마샬(Paul Marshall) 박사는 「그들의 피가 부르짖는다」(*Their Blood Cries Out*, 두란노)라는 책에서 "신앙 때문에 죽어 가고 있는 현대 그리스도인들의 전 세계적 비극"에 대해 썼다. 그는 전 세계 2억 명의 그리스도인이 국가의 압제 아래 매일 비밀경찰을 두려워하며 살고 있다고 추산한다. 전 세계 60여개국에서 그리스도인들이 단지 신앙 때문에 괴롭힘을 당하고, 학대당하고, 옥에 갇히고, 고문을 받고, 처형당한다. 하지만 "이런 박해에도 불구하고 기독교는 이 세상에서 빠르게 성장하고 있다."[8]

순교

'죽음을 통한 생명'이라는 주제를 다루면서 내가 순교와 박해를 구분하고 있음을 알아챘을 것이다. 이는 내가 이 둘이 겹치는 면이 있음을(실제로 그렇다) 몰라서가 아니라, 성경에 따르면 새로운 세상에서 그들에게 특별한 영예가 주어질 것이기 때문이다(계 20:4을 보라).

그래서 나는 이 부분을 요시프 톤(Josif Ton)을 소개하는 것으로 시작하고자 한다. 그는 고난, 그리고 죽음까지도 그리스도인 제자도의 필수불가결한 요소임을 자신의 삶과 가르침으로 보여 준 예수 그리스도의 제자였다. 요시프 톤은 1934년에 태어난 루마니아의 기독교 지도자로, 오늘날 세계적으로 유명한 침례교 센터인 오라데아 침례교회의 목사가 되었다. 4년간의 신실한 목회 사역 후, 당국자들의 의혹을 불러일으키면서 그는 체포되어 심문을 받았다. 이후 그에게는 루마니아를 떠나 미국에 정착할 기회가 주어졌다. 그는 거기서 박사 과정을 밟고 벨기에 복음주의 신학교(Evangelical Faculty of Belgium)에서 박사 학위를 받았다. 그의 논문 주제는 "고난, 순교 그리고 하늘에서의 보상"이었으며, 이는 나중에 책으로 출간되었다.

요시프 톤은 출판된 설교들 중 하나에서, 니콜라에 차우셰스쿠(Nicolae Ceausescu)의 억압 정권하에서 당국자들이 그를 죽이려 했던 것에 대해 말했다. 그는 이렇게 반응했다. "당신의 최대 무기는 죽이는 것입니다. 하지만 나의 최대 무기는 죽는 것입니다."

'죽기까지 충성을 다했던' 한 사람은 디트리히 본회퍼다. 그는 플로센부르그 강제 수용소에 수감되어 있었다. 1945년 4월 8일 일요일 그는 짧은 예배를 인도했다. 그가 마지막 기도를 끝내자마자 문이 열리고 민간인 복장을 한 두 명의 남자가 들어와서 말했다. "죄수 본회퍼, 우리와 함께 갈 준비를 하시오." '우리와 함께 가다'라는 말은 모든 죄수에게 오직 한 가지, 즉 교수대를 의미했다.

그는 "이것으로 끝이다. 하지만 내게는 생명의 시작이다"[9]라고 말했다.

유한성

지금까지 우리는 죽음이 생명에 이르는 길이 되는 다섯 가지 영역을 살펴보았다. 구원에서(그리스도가 우리를 살리기 위해서 죽으셨다), 제자도에서(우리가 몸의 잘못된 행실을 죽이면 살 것이다), 선교에서(많은 열매를 맺으려면 씨가 죽어야 한다), 박

> 죽음은 많은 사람에게 공포를 불러일으킨다. …하지만 그리스도인들에게는 죽음이 공포가 아니다.

해에서(우리가 살기 위해 죽는 것), 그리고 순교에서 그것을 보았다. 이제 여기서는 우리가 죽을 수밖에 없다는 사실과 육체적인 몸의 죽음에 직면할 것이다. 하나님의 은혜로 글을 쓰는 지금 나는 88세에 이르렀으므로, 독자들은 내가 이런 것들에 대해 깊이 생각하는 것을 이해할 것이다. 마지막이 멀지 않은 지금, 나는 죽음을 통한 생명이라는 역설을 통해 격려를 받는다.

죽음은 많은 사람에게 공포를 불러일으킨다. 죽음과 관련하여 우디 앨런(Woody Allen)이 말한 '불안'(angst)은 널리 알려져 있다. 그는 죽음을 존재의 완전한 소멸로 보고 "죽음의 공포가 우리를 망연자실하게 한다"는 것을 발견했다. 그는 "나는 죽음을 두려워하는 것이 아니라, 그 일이 일어날 때 서 있고 싶지 않은 것이다"[10]

라고 재치 있게 표현했다.

런던, 옥스퍼드, 뉴욕의 대학들에서 강의를 했던 미국의 법철학자 로널드 드워킨(Ronald Dworkin QC)도 비슷한 말을 했다. 그는 이렇게 썼다.

> 죽음의 주요한 공포는 의식할 수가 없다—그것은 빛이 완전히 소멸되는 공포다.…죽음의 영역이 있다. 그것은 무의 시작일 뿐 아니라 모든 것의 끝이다….[11]

하지만 그리스도인들에게는 죽음이 공포가 아니다. 죽어가는 과정이 지저분하고 품위를 지키기도 어려우며, 그 다음에 따라오는 부패의 과정도 썩 즐거운 일이 아닌 것은 사실이다. 사실 성경 자체도 죽음을 "맨 마지막에 멸망받을 원수"라고 부름으로써 이 사실을 인식하고 있다. 하지만 그와 동시에 우리는 "그리스도 예수께서…사망을 폐하셨다"(딤후 1:10)고 단언한다. 그분은 개인적으로 자신의 부활로써 죽음을 정복하셨다. 따라서 이제는 더 이상 그것이 우리에게 권세를 행사하지 못한다. 그 결과로 우리는 도전적으로 외칠 수 있다.

> 사망아, 너의 승리가 어디 있느냐?
> 사망아, 네가 쏘는 것이 어디 있느냐?(고전 15:55)

한쪽에 죽음의 패배가 있고, 다른 쪽에는 생명의 선물이 있다. 하지만 영생을 정의하기는 어렵기 때문에, 신약 성경의 저자들은 이를 이미지로 표현하곤 한다. 예를 들어, 사도 요한은 하나님의 백성에 대해, 생명책에 그들의 이름이 기록되어 있다고(계 3:5; 21:27). 생명나무가 주는 혜택을 계속 누릴 수 있다고(계 2:7; 22:2), 생명수를 자유롭게 마신다고(계 7:17; 21:6; 22:1, 17) 묘사한다.

"누가 묻기를 죽은 자들이 어떻게 다시 살아나며 어떠한 몸으로 오느냐 하리니"(고전 15:35). 오늘날도 이런 동일한 질문을 자주 한다(바울에 따르면, 이는 어리석은 질문이다). 우리는 씨와 꽃의 관계에 주목하게 함으로써 그것에 답한다. 둘 사이에는 필연적인 연속성이 있다(예를 들어, 겨자씨에서는 겨자 나무가 나온다). 하지만 불연속성은 상당히 놀랍다. 씨는 아주 작고 볼품없지만 그 씨에서 나온 꽃은 색이 다채롭고 아름답다. 우리의 부활한 몸도 그와 같을 것이다. 우리의 현재 몸과 어느 정도 연속성을 유지하겠지만, 그 몸은 새롭고 꿈에도 생각지 못한 능력을 갖게 될 것이다(고전 15:35-44).

더욱이 부활한 몸에 일어난 일은 어떤 면에서는 새 하늘과 새 땅에도 그대로 일어날 것이다. 예수님은 그것을 '새롭게 되는 것'(regeneration, *palingenesia*, 마 19:28)이라 부르셨다. 몸이 부활한다면, 세상은 새롭게 될 것이기 때문이다. 그리고 두 몸 사이에 연속성과 불연속성이 섞여 있을 것처럼 두 세계도 그럴 것이 확실하다. 창조 세계 전체가 썩어짐의 종노릇하는 데서 해방될 것이다(롬 8:18-25). 이런 엄청난 일들은 죽음이 가져다줄 영생의 일부일 것이다. 이는 많은 묘지와 무덤에 선포되어 있다. "죽음은 생명으로 가는 문이다" (*Mors janua vitae*).

죽음에 대해 묵상하고 죽음을 준비해 가면서, 나는 생명과 죽음에 대한 바울의 철학이라 부르는 것을 계속 다시 보게 되었다.

> 이는 내게 사는 것이 그리스도니 죽는 것도 유익함이라. 그러나 만일 육신으로 사는 이것이 내 일의 열매일진대 무엇을 택해야 할는지 나는 알지 못하노라. 내가 그 둘 사이에 끼었으니 차라리 세상을 떠나서 그리스도와 함께 있는 것이 훨씬 더 좋은 일이라. 그렇게 하고 싶으나.(빌 1:21-23)

한마디로 말해서, 바울에게 생명은 그리스도를 의미했다. 그는 그분 없는 생명을 상상할 수 없었다. 따라서 죽는 것이 유익하기 때문에, 다시 말해 죽는 것이 그리스도를 더 얻는 것이기 때문에 죽고 싶다고 하는 것은 실로 논리적이었다. 그럼에도 불구하고 그는 잠시 더 이 땅에 남아 있어야 함을 알았다. 이 땅에서 더 할 일이 있었기 때문이다.

비유를 가지고 논증을 하는 것은 보통 위험하다고 한다. 하지만 바울은 여기서 우리에게 그렇게 하도록 허락해 주는 것 같다. 원칙은 분명하다. 생명이 우리에게 그리스도를 의미한다면 죽음은 유익할 것이다. 다가올 생명은 실로 이 땅에서의 생명보다 '훨씬 더 좋을' 것이기 때문이다.

예를 들어 보자.

- 이 땅에서 하나님의 백성과 함께 드리는 예배가 깊은 만족을 가져다준다면(사실 그렇다), 하늘에서 모두 함께 드리는 예배는 훨씬 황홀할 것이다.
- 성경을 펼칠 때마다 우리 가슴이 뜨거워진다면, 모든 진리는 훨씬 더 감동적일 것이다.
- 지금 일몰의 아름다움이 우리를 흥분시킨다면, 새 하늘과 새 땅의 아름다움은 도대체 어떨 것인가?
- 지금 타문화권에 있는 이들과의 교제가 우리를 감동시킨다면, 우리 모두가 마침내 함께 모였을 때 모든 족속과 언어로부터 온 큰 무리가 우리에게 큰 기쁨이 될 것이다.
- 우리가 "말할 수 없는 영광스러운 즐거움으로 기뻐하는 것"이 무엇인지를 가끔 인식한다면, 우리는 슬픔도 없고 눈물도 없을 곳에서 그것을 훨씬 더 자주 누리리라 기대한다.

이것들은 인간이 경험할 것의 맛보기일 뿐이다. 각각의 경우에 비교급, 즉 '훨씬 더 좋은'이라는 표현을 사용하는 것은 적절하다. 하지만 다가올 삶을 묵상해 보면, 실제로 비교급이 아니라 최상급이 더 적합하다. 이 때문에 우리는 우리를 기다리는 미래를 묵상할 때마다 항상 "최고의 것은 아직 오지 않았다"라고 말할 수 있다.

정리하자면, 우리는 이번 장에서 죽음을 통한 생명이라는 역설적인 원리를 발견한 여섯 영역을 살펴보았다. 그것은 구원, 제자도, 선교, 박해, 순교, 유한성이었다. 각각의 경우 우리는 죽음과 생명이라는 방정식에서 두 항의 균형을 잘 유지해야 한다.

한편으로 우리는 복음 안에서 우리에게 주어진 생명의 영광을 과소평가해서는 안 된다. 그것은 그리스도를 믿음으로 우리 것이 된 영원한 생명이며, 우리 육체의 욕망을 죽임으로써 우리 것이 된 강력해진 생명이며, 우리 육체의 연약함과 죽을 수밖에 없는 처지 가운데서 누릴 수 있는 내적인 생명력이며, 자신의 사명에 신실한 이들에게 약속된 풍성함이며, 혹은 박해 가운데서 또 순교 당할 상황에서 우리에게 주어지는 위로이며, 그리고 무엇보다도 새로운 창조 세계 안에서 누릴 궁극적인 부활 생명이다. 이 모든 것으로, 하나님은 죽는 자가 살 것이라고 약속하셨다.

다른 한편, 우리는 생명으로 인도하는 죽음의 대가를 과소평가해서는 안 된다. 그것은 그리스도와 하나가 됨으로써 죄에 대해 죽는 것이며, 그리스도를 따름으로써 자아에 대해 죽는 것이며, 타문화권 선교를 통해 야망에 대해 죽는 것이며, 박해와 순교를 경험하며 안전에 대해 죽는 것이며, 우리의 궁극적인 운명을 준비하며 이 세상에 대해 죽는 것이다.

죽음은 자연스럽지 못하고 불쾌한 것이다. 어떤 의미에서 그것은 우리에게 끔찍한 최후를 제시한다. 죽음은 끝이다. 하지만 모든 상황에서 죽음은 생명으로 가는 길이다. 그러므로 우리가 살고자 한다면 죽어야 한다. 그리고 죽음이 안내하는 생명의 영광을 볼 때에만 우리는 기꺼이 죽을 것이다. 이는 급진적이고 역설적인 기독교적 관점이다. 그리스도인이란 정확히 말하자면 "죽은 자 가운데서 살아난 이들"이다.

결론

우리는 지금까지 예수를 따르고자 하는 이들의 여덟 가지 특징을 살펴보았다. 급진적인 제자에 대한 나의 그림은 그 특징들로 이루어진다.

확실히 나는 몇 가지를 선택한 것이고 그 선택은 다소 자의적이었다. 하지만 그것들은 내가 모든 예수의 제자에게서 그리고 특히 나 자신에게서 보고 싶은 제자도의 특성들이다.

당신은 분명 자신만의 목록을 만들고 싶을 것이다. 나는 그것이 분명히 성경적이기를, 그렇지만 또한 당신의 문화와 경험이 반영된 것이기를 바란다. 그리고 당신이 그 일을 잘 해내기를 바란다.

다락방에서 하신 예수님의 말씀을 귀 기울여 듣는 것보다 더 좋은 결론은 없을 것 같다.

너희가 나를 선생이라 또는 주라 하니 너희 말이 옳도다. 내가 그러하다.(요 13:13)

모든 제자도의 기본은, 예수님을 합당한 호칭으로 부를 뿐 아니라 그분의 가르침을 따르고 그분의 명령에 순종하겠다는 우리의 결단이다.

후기
마지막 인사

88세의 나이에 마지막으로 펜을 내려놓으면서(나는 컴퓨터를 사용하지 않기에, 말 그대로 그렇다), 나는 독자들에게 조심스럽게 이 고별 메시지를 보낸다. 내게 편지를 보내 준 많은 이들을 비롯하여 여러분들의 격려에 깊이 감사한다.

예상컨대, 우리 중 누구도 앞으로 인쇄와 출판이 어떻게 될지 알지 못한다. 하지만 나는 책의 미래는 보장되어 있으며, 다른 것이 보완한다 하더라도 결코 완전히 책을 대체하지는 않으리라고 확신한다. 책만이 가진 독특한 무언가가 있기 때문이다. 우리가 좋아하는 책들은 우리에게 매우 귀중하며, 우리는 그 책들이 마치 살아 있기라도 한 듯이 애정어린 관계를 발전시키기도 한다. 존경심과 애정을 품고 그것들을 넘겨 보고 쓰다듬고 향을 음미하기도 하는 것이 좀 신기하지 않은가? 나는 사기가 쓴 책에 대한 저자의 감정만을 말하는 것이 아니다. 이는 독자의 서재에서도 늘 일어나는 일이다. 나는 내가 직접 보지 않은 책에서는 어떤 인용도 하지 않기로 했다. 그러므로 나는 여러분에게 끊임없이 책을 읽으라고 강권하고 싶다. 여러분도 읽고 가족과 친구들에게도 강권하라. 이것이야말로 많이 무시되고 있는 은혜의 수단이기 때문이다.

세계 전역에는 제자로 성장하는 데 도움을 받기 위해 너무나도 책을 갖고 싶어 하는 그리스도 안의 형제자매들이 수백만이나 있다. 서구에 있는 우리는 읽을 수 있는 양보다 더 많은 책을 소유하고 있지만, 그들은 거의 한 권도 갖고 있지 못하다. 그 때문에 나는 내 책의 인세를 모두 랭햄 문서 사역에 위탁한다. 세상의 가난한 지역에 있는 더 많은 신자들과 목사들이 영어와 자국어로 된 좋은 기독교 서적을 얻을 수 있도록 하기 위해, 그래서 그들의 신앙과 그들의 설교가 힘을 얻도록 하기 위해서다. 여러분에게도 이 사역과 랭햄 파트너십의 다른 사역들에 참여하는 것을 생각해 보라고 권하고 싶다. 이는 내게 매우 귀중한 일이며 여러분이 관심을 갖고 후원할 만한 가치가 있는 일이다.

나는 프랭크 앤트위슬(Frank Entwistle)과 몇 명의 사람들을 지정하여 내가 저술한 책과 원고를 관리하도록 부탁했다. 이들은 내 책과 관련한 어떤 문의도 친절하게 처리해 줄 것이다. 다른 책에 쓴 글들과 내 논문들은 물론 모든 각 책의 보관본은 램베스 팰리스 도서관의 안전한 관리하에 비치될 것이다. 사서이자 문서 보관 담당자인 리처드 팔머(Richard Palmer) 박사는 이 일을 기꺼이 맡아

주었으며, 연구자들이 이용할 수 있도록 자료를 친절하게 제공해 줄 것이다. 내 사무실 주소는 12 Weymouth Street, London W1W 5BY 그대로일 것이고, 그 누구보다도 정력적인 나의 비서 프랜시스 화이트헤드가 관리할 것이다.

다시 한 번 작별 인사를 전한다!

주

머리말
1) 마 13:3-23; 막 4:3-20; 눅 8:4-15.
2) "Come, let us join our cheerful songs", Isaac Watts (1674-1748).

1장 불순응
1) Transaction Publishers, 1955, p. 16.

2장 닮음
1) 케직 사경회에 대해 좀더 알고 싶다면 가장 최근의 기록과 자료들이 담긴 것이 있다. Ian M. Randall and Charles Price, *Transforming Keswick: The Keswick Convention, Past, Present and Future* (Paternoster Press, 2000).
2) Michael Ramsay, *Images Old and New* (SPCK, 1963), p. 14.
3) Lutterworth Press, 1972.

3장 성숙

1) Hodder & Stoughton, 3rd edition, 2005.

4장 창조 세계를 돌봄

1) IVP, 2000.
2) IVP, 1984.
3) *The Care of Creation*에 내가 쓴 서언으로부터 허락받고 인용. 이 주제에 대해 유용한 최근의 책 두 권은 다음과 같다. R. J. Berry (ed.), *When Enough is Enough: A Christian Framework for Environmental Sustainability* (Apollos, 2007); Dave Bookless, *Planetwise: Dare to Care for God's World* (IVP, 2008).
4) Sphere, 1973.
5) 이 내용에 대해서는 Roy McCloughry가 전면 개정한 John Stott, *Issues Facing Christians Today*(Zondervan, 4th edition, 2006)의 Chapter 5, "Caring for Creation"을 보라. 「현대 사회 문제와 그리스도인의 책임」(한국 IVP, 제4판 역간 예정)
6) Monarch Books, 2008.
7) Peter Harris, *Under the Bright Wings* (Regent College Publishing, 2000); Kingfisher's Fire (Monarch, 2008).
8) 이 인용문과 그 다음 인용문의 출처는 Christopher Wright, *The Mission of God* (IVP, 2008)이다. 「하나님의 선교」(한국 IVP 근간).
9) *The Care of Creation*에 나오는 John Stott의 서언에서 인용.

6장 균형

1) *The First Epistle of St Peter* (Macmillan, 1961, 2nd edition).

7장 의존

1) 마 6:9-13; 눅 11:2-4.
2) *The Christian Priest Today* (SPCK 1972, revised edition 1985), chapter 11, "Divine Humility", pp. 79-91.
3) HarperCollins paperback, 1957.
4) Edwin Hudson이 번역한 영어판(SCM Press Ltd, 1972), pp. 11, 40, 43.

8장 죽음

1) Alice E. Mace (ed.), *The Birds Around Us* (Ortho Books, 1986). Roger Tory Peterson이 "The Joy of Birds"라고 제목을 붙인 서론, pp. 19-20에서.
2) William Zinsser, "A Field Guide to Roger Tory Peterson" in *Audubon* vol. 94, No. 6, p. 93.
3) 1948년 처음 출간된 영어판, *The Cost of Discipleship* (SCM Press).
4) D. M. Lloyd-Jones, *Romans 6: The New Man* (Banner of Truth, 1992), 19절에 대한 주석, p. 264. 「마틴 로이드 존스의 로마서 강해 제3권」(CLC).
5) Douglas Webster, *Yes to Mission* (SCM, 1966), pp. 101-102.
6) *Operation World*는 중국의 그리스도인을 6,920만으로 추산한다. 하지만 정확한 통계는 입수할 수 없다고 덧붙인다. Patrick Johnstone and Jason Mandryk, *Operation World* (Paternoster, 2001), p. 160. 「세계 기도 정보」(죠이선교회출판부).
7) Tony Lambert, *The Resurrection of the Chinese Church* (Hodder, 1991), pp. 174, 267.
8) Paul Marshall with Lela Gilbert, *Their Blood Cries Out* (W. Publishing Group, Thomas Nelson, 1997), p. 8. 「그들의 피가 부르짖는다」(두란노).
9) Dietrich Bonhoeffer, *Letters and Papers from Prison* (Fontana, 1959)의 서언에서, p. 11. 「옥중서간」(대한기독교서회).

10) From an article in *Esquire*, 1977. And in Graham McCann, *Woody Allen, New Yorker* (Polity Press, 1990), pp. 43, 83.
11) Ronald Dworkin, *Life's Dominion* (HarperCollins, 1993), p. 199.

옮긴이 **김명희**는 연세대학교 영어영문학과를 졸업하고 IVP 편집부에서 편집장으로 근무했다. 존 스토트, 헨리 나우웬, 유진 피터슨 등 복음주의 주요 저자들의 책을 번역했으며 현재 전문 번역가로 일하고 있다. 역서로는 「자유」, 「영성에의 길」, 「이는 내 사랑하는 자요」, 「아담」, 「영성을 살다」, 「성경은 드라마다」(이상 IVP) 등을 번역했다.

제자도

초판 발행 2010년 6월 1일
초판 23쇄 2025년 12월 15일

지은이 존 스토트
옮긴이 김명희
펴낸이 정모세

편집 이성민 이혜영 심혜인 설요한 박예찬
디자인 한현아 서런나 | 마케팅 오인표 | 영업·제작 정성운 이은주 조수영
경영지원 이혜선 이은희 | 물류 박세율 정용탁 김대훈

펴낸곳 한국기독학생회출판부 | 등록번호 제2001-000198호(1978.6.1)
주소 04031 서울시 마포구 동교로 156-10
대표 전화 (02) 337-2257 | 팩스 (02) 337-2258
영업 전화 (02) 338-2282 | 팩스 080-915-1515
홈페이지 http://www.ivp.co.kr | 이메일 ivp@ivp.co.kr
ISBN 978-89-328-1152-9

ⓒ 한국기독학생회출판부 2010

책값은 뒤표지에 있습니다.
무단 전재와 복제를 금합니다.